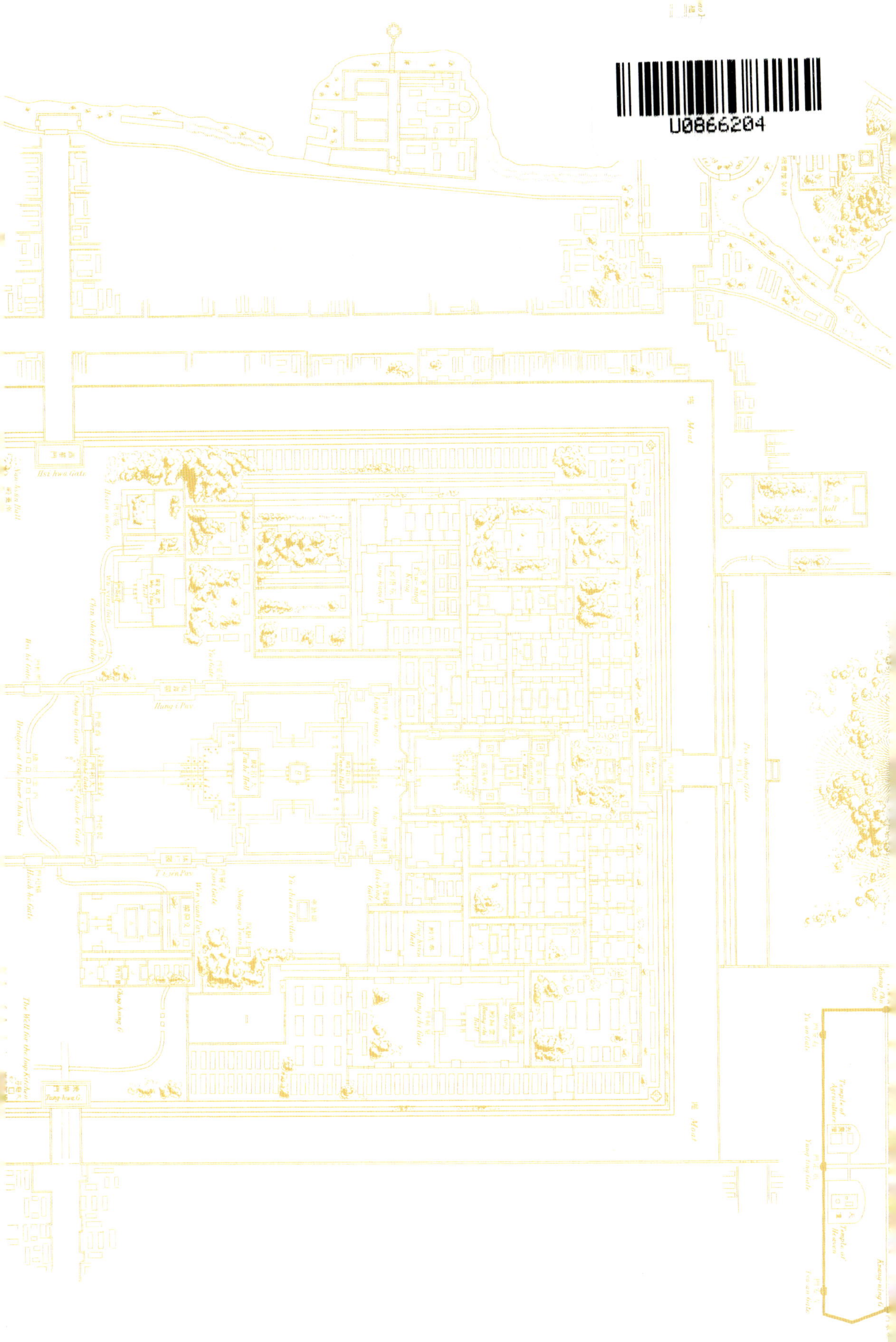
Moat
Temple of Agriculture
Temple of Heaven

皇宫节令

向斯◎著

中国工人出版社

序 言

《月令》是中国古代的天文历法书，它按照一年12个月的时令，依据“五行相生”之说，记述朝廷祭祀礼仪、职务职责、法令禁令等。“六经”的《礼记》中，就有《月令》一篇。

故宫博物院的珍贵文物之中，有南宋夏珪绘制的《月令》图册，非常精美。这是中国现存最早的月令图册，是中国古代先民对二十四节气、七十二天候的完整图解和精确注释。

明代冯应京撰写的《月令广义》二十五卷，故宫中有直隶总督采进本，是一部十分重要的关于全国气候现象的综合性专著。书中称：“月令者，王事之本，群生之命，治国家，究年寿，未有不由者也。”意思是说，月令，是国事之根本，民生之命脉。国家各种政令，都不可违背月令之基本准则。治理国家，健康长寿，无论君臣、官民，概莫能外。

皇帝是月令的制定者和执行人，更要以身作则，严格遵守天时，遵循月令，以时为秩。顺应天时，遵守春生、夏长、秋收、冬藏的自然规律；“毋变天之道，毋绝地之理，毋乱人之纪”。否则，违逆天时，践踏上天“红线”，就会遭受“天谴”，受到上天严惩。

汉代，皇帝颁布《顺时令诏》，要求各级官员，“务顺四时月令”。

唐代，唐太宗要求所有官员，每月阅读《礼记·月令》。为了表示重视，唐太宗还特别降旨，明令天下：“复修四时，读令之制，命有司因礼记月令文，以时增损，月读之。”

清代，皇帝必读之书，就是康熙皇帝钦定的《御定月令辑要》。《御定月令辑要》全书正文二十四卷、图说一卷，分为：岁令、每月令、春夏秋冬令、正月至十二月令、土王令、闰月令、昼夜令、时刻令。各令，按天道、政典、民用、物候、占验、杂记等子目分别记述，主要讲述各种月令，以及传统民俗活动。

本人查阅了大量的宫廷文献、档案，在充分吸收已有历史研究的基础上，系统梳理了中国历代皇宫中流传的节令习俗。全书分为上下两篇。上篇是“皇宫过大年”，带您穿越600年的时空，去紫禁城里过大年、品美食、聊养生、享玩乐，感受充满烟火气的帝王节日生活；下篇是“帝王与节令”，带您在24个不同的节气里，走进帝王后宫，划龙舟、吃粽子、赏明月、看大戏，体验节令鲜明的帝王日常生活。

何斯

2021年2月

目 录

上篇　皇宫过大年

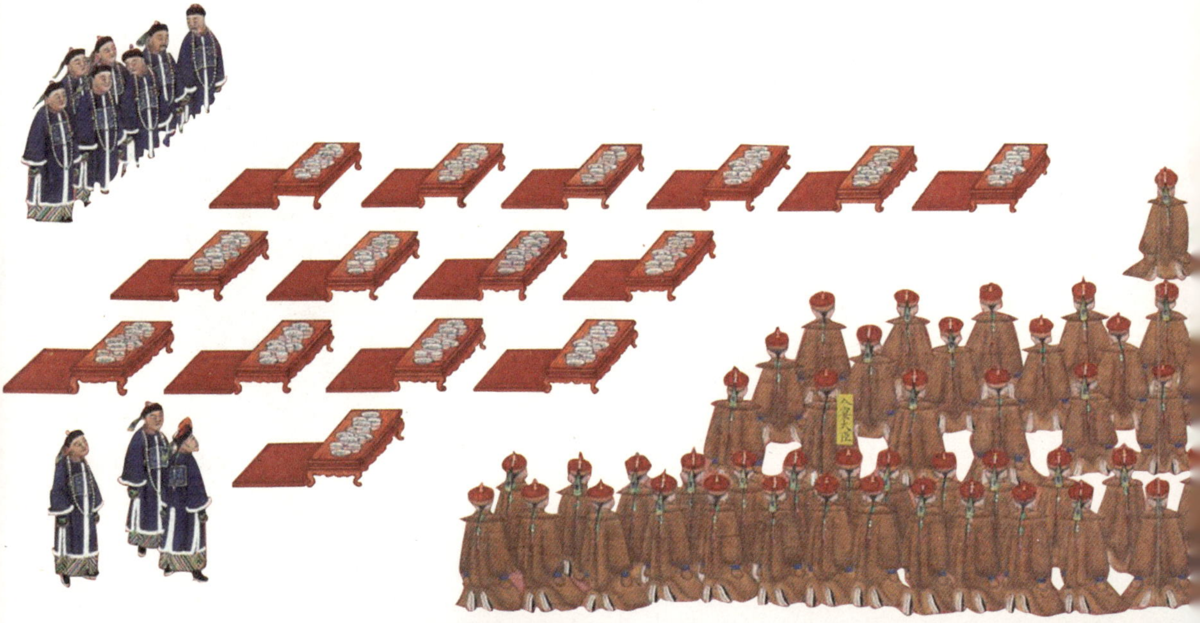

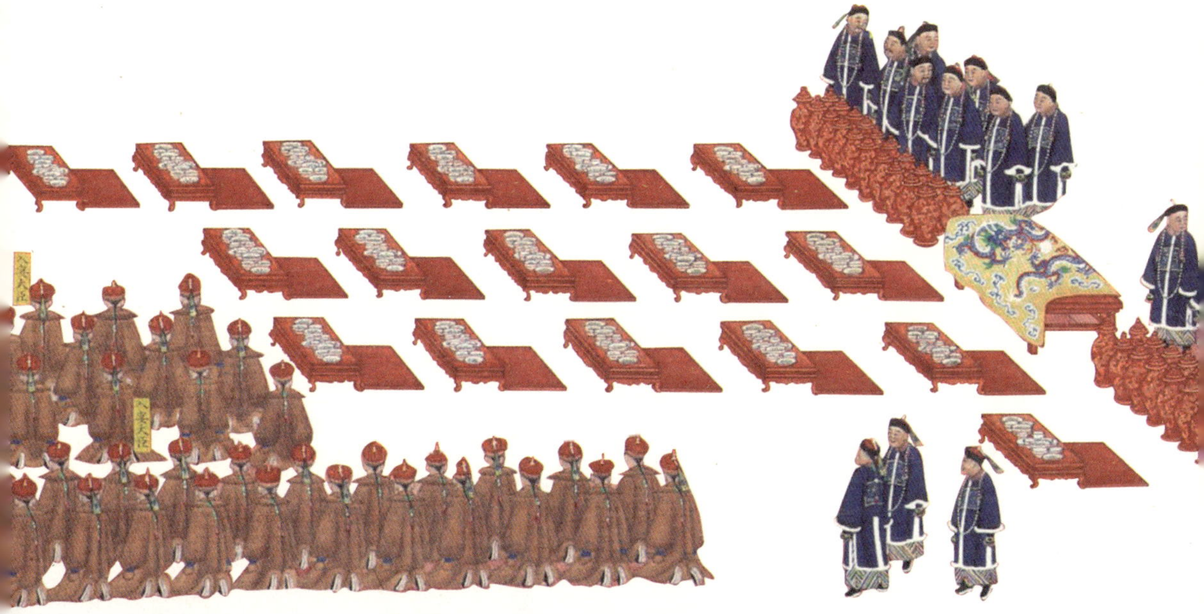

下篇　帝王与节令

鸿胪寺鸣赞官
鸿胪寺鸣赞官
入宴大臣
入宴大臣

上篇

皇宫过大年

嘉平书“福”

每年农历十二月一日，称为“嘉平朔日”。

中国古代，称十二月为腊月。上古时期，商朝之时，称腊月为嘉平。

清代皇帝喜欢汉文化，特别是乾隆皇帝，以仿古、拟古、复古为赏心悦目之事，乐此不疲。乾隆皇帝在大量诗文之中，经常书写腊月为嘉平月。

腊月初一，清帝有书写“福”字的优良传统，称为嘉平书“福”。

嘉平书福，始于康熙皇帝。

康熙皇帝重视新年，提前一个月，就调整心情，准备过大年了。

康熙皇帝专门设计了一支毛笔，由清宫造办处制作，赐名“赐福苍生”：笔管是竹子，深色，髹漆；笔管上面，刻着“赐福苍生”四个字，泥金填注；笔头，不是用珍稀兽毛，而是用棕精心制作。

宫廷中，皇帝用于书写“福”字的御用笺，是宫廷特供的一种绢：表面是一层丹砂，上绘金云龙图案，称为金云龙丹砂绢。

嘉平之日，皇帝所书第一张“福”字，由太监恭敬地悬挂于乾清宫正殿；其余“福”字，则悬挂于各重要宫殿。

康熙皇帝所书草书“福”字，笔力雄劲，构架稳健，一气呵成，人称“天下第一福”：

“福”字左边，“礻”偏旁，草书如“子”如“才”；

“福”字右边，“畐”偏旁，草书上半部如“多”，下半部为“田”字，田不封口，无边无际；整个右偏旁“畐”字，草书如“寿”字；

康熙皇帝所书“福”字，就是五福：多子、多财、多寿、多田、多福。

康熙皇帝御笔书“福”，主要用于悬挂宫中；后来，御笔“福”字，也赏赐大臣。

康熙四十三年（1704），赏赐编修查慎行御笔“福”字。

康熙四十四年（1705），康熙皇帝南巡至苏州。巡抚宋荦年逾古稀，殷勤

《康熙帝便装写字像》轴　清　佚名

现藏于故宫博物院。纵 50.5 厘米，横 31.9 厘米。图为康熙皇帝身着便服坐在桌子旁，一手拿毛笔，一手扶宣纸，准备写字的场景。康熙皇帝自幼喜好书法笔墨，喜临摹古代书法大家的书法。王羲之、颜真卿、苏轼、米芾等都是他临摹的对象。

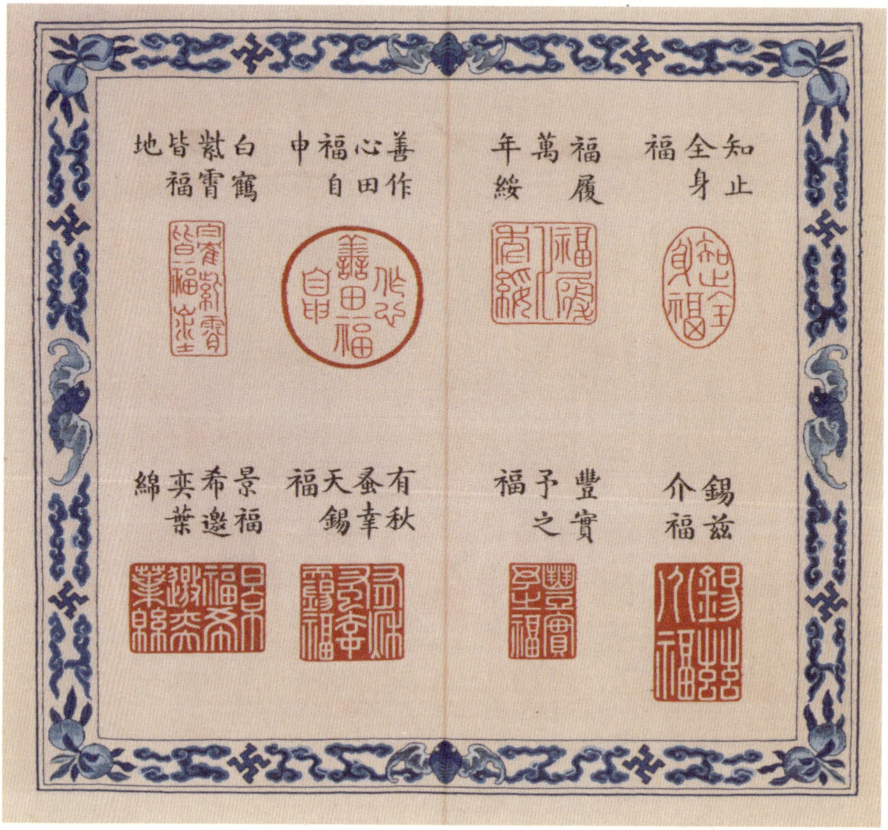

乾隆皇帝手书的“福”字　选自《宝典福字册》。

康熙皇帝手书“福”字　雍正皇帝手书“福”字　乾隆皇帝手书“福”字

接待。康熙皇帝御笔“福”“寿”二字以赐。

史书记载：“自康熙以来，已岁为恒例，赐中外大臣及翰林之值两书房者。雍正时，经常赏给督抚，甚至提镇、布政使等福字。”

雍正皇帝，御笔书写“福”字，除宫中张挂之外，还特别赏赐王公、大臣、封疆大吏。

雍正皇帝说：“年来冬月，封印以后，政务略有余闲，朕手书‘福’字，赐内外大臣。”

据《世宗宪皇帝朱批谕旨》记载，雍正皇帝赏赐“福”字的有署理江南江西总督印务尚书范时绎、河道总督齐苏勒、福建巡抚毛文栓、福建巡抚黄国材、广西巡抚李级等官员。

蒋廷锡，号南沙、青桐居士，江苏常熟人。他是云贵总督蒋陈锡的弟弟，最初，以举人供奉内廷。康熙四十二年（1703），中进士，第二甲第四名。

雍正时期，受到重用，历官礼部侍郎、户部尚书、文华殿大学士。

雍正初年，蒋廷锡丁母忧，皇帝御书“福”字，赐之。

雍正皇帝及其后各位清帝每年御书第一份“福”字，必敬用康熙皇帝珍用的那支笔，被认为是“吉祥法物”宜于赐福。御书“福”字用的纸笺，多是丝绢制作，以丹砂为底色，上绘金云龙纹。

向京城内的王公大臣赏赐“福”字，一般是在腊月二十日之后。御赐“福”字的仪式，在乾清宫或重华宫举行。届时，受赐官员依次跪于案前，仰瞻天子御书“福”字，叩首谢恩。接着，两名太监面对面地恭捧“福”字笺慢步而出，受赐者再在“福”字下面叩谢，寓意满身都是“福”，礼毕，再恭捧“福”字退下。

大致说来，在京朝臣每年大约有十人受赐“福”字。而各省将军、总督、巡抚等大员接受御赐“福”字，多由受赐官员的家人或属官，在赴京呈递奏折时顺便领回。清帝每年向外省官员赏赐的“福”字有多少？根据对雍正二年（1724）春节前后赐“福”档案的统计，共有十四份。

如雍正元年（1723）腊月间，河南巡抚石文焯派家人进京递送折子，“仰蒙圣主赏赐御书‘福’字朱笺一方”，于年前带回衙署。雍正二年正月十五那天，湖广总督杨宗仁的进折家人“敬捧皇上钦赐‘福’字回楚”，为这位总督大人的元宵节带来了最佳礼物。

《胤禛行乐图册·喇嘛装》 清

绢本设色，纵34.9厘米，横31厘米。现藏于北京故宫博物院。本幅是十三页图册之一，描绘的是雍正皇帝穿喇嘛装的景象，表现了其崇尚佛教的一面。雍正帝即爱新觉罗·胤禛（1678—1735），清朝第五位皇帝，定都北京后的第三位皇帝。雍正皇帝在位期间，勤于政事，改革整顿财政，加强对少数民族的统治等，对历史上『康乾盛世』起了至关重要的纽带作用。于1735年去世，庙号世宗，谥号敬天昌运建中表正文武英明宽仁信毅睿圣大孝至诚宪皇帝，葬于清西陵泰陵。雍正皇帝喜好佛法与佛经，不时会修禅和组织法会。

而作为封疆大吏，凡有钦赐“福”字，均“率文武各官，出郊跪迎，至署恭设香案，望阙叩头谢恩”。然后，再专门写一道奏折谢恩，对皇上的“隆恩”和“垂念”感激一番。

天子赐“福”，百官自当引为殊荣，无不视为至宝，精心保管。雍正元年（1723）腊月，河南巡抚石文焯收到恩赏“福”字，“敬谨装潢，高悬正中，朝夕瞻仰，如觐天颜”，并表示要“传之子子孙孙，奉为世宝”。雍正四年（1726）正月，山东巡抚陈世倌捧到御赐“福”字，“敬选良工，钩摹制匾”，敬悬于衙署中堂。

个别宠臣还有幸连年得到皇上赏赐的“福”字。两广总督孔毓珣是孔子的后裔，他于雍正四年正月二十捧到一幅御书“福”字，他在谢恩折上写道：“臣开卷跪阅，笔力坚劲，较上年所赐‘福’字尤见精彩。”又说：“皇上颁赐‘福’字，不特臣一身一家受福，即两省文武兵民无不共蒙圣上之福庇。”雍正皇帝批复：“此一字，原与诸臣天下臣民共之者。”

皇上在向臣工恩赐御书“福”字的同时，有时也顺便赏发一些其他物品。以雍正朝为例，雍正二年（1724）正月初一，管理黄河河道的河南副总河嵇曾筠在中牟工所接到皇上新年赐品，除一幅御书“福”字外，还有克食、全羊等物。

雍正四年正月十四日，署浙江巡抚傅敏收到御书“福”字一幅，另有汤羊一只。雍正五年（1727）腊月二十二日，河南总督田文镜收到御书金龙朱笺大“福”字一幅，此外还有大小荷包三个，紫毫貂皮二十张，朝衣、蟒袍各一件，以及广橙、哈密瓜等大批物品。

除“福”字外，清朝皇帝还常常写些其他贺年吉言赐给臣工。雍正九年（1731）二月初四，福建总督刘世明收到一幅御笔大字：“新年大禧”。嘉庆曾写“寿”字赏给年迈近臣。道光时赏赐“龙”字也是常事。

乾隆十年（1745）三月，乾隆皇帝在紫禁城西部太液池北岸，建造阐福寺。次年八月，寺庙告成，成为皇帝专用寺庙。

乾隆十七年（1752）开始，每年腊月初一，嘉平之日，乾隆皇帝先到阐福寺烧香；然后，回到重华宫，首领太监恭陈龙笺、“赐福苍生”笔，御笔书写“福”字十余幅，悬挂各大宫殿。

档案记载：“书福之笺，质以绢，传以丹砂，绘以金云龙。宫廷所贴用者，及朱红对笺、寿字笺，岁由江苏按照尺度制进颁赐笺，则南省方物所陈也。”

特别值得一提的是，乾隆年间在任三十一年的尚书王际华，曾有幸得到皇上赏赐“福”字二十四张，他不但装裱悬挂在堂屋内，而且还自诩此屋为“二十四福堂”，其光宗耀祖自不待言了。

腊八

腊月初八，是释迦牟尼的成佛日。

北宋时，京城汴梁，有僧人、俗人在腊八之日，煮果子、杂料粥，相互馈赠，称为腊八粥。

明清时，腊八日，北京盛行煮腊八粥，非常讲究：白米、黄米、小米、江米、栗子、菱角、红豆、红枣，加入杏仁、桃仁、松子、瓜子、花生、葡萄干等，精心熬制而成。

腊八这一天，清宫在紫禁城中正殿举行隆重仪式。

中正殿，位于皇宫西北部，建福宫花园南边，是乾隆年间建造的藏传佛教宫殿。

大殿前，设皇帝专用的黄毡圆帐，称为小金殿。皇帝一身礼服，升殿。王公大臣簇拥左右，陪侍。喇嘛、高僧，佛装严整，殿外唪经。达赖喇嘛、章嘉胡图克图，亲自为皇帝拂拭衣冠，消除灾邪，诵经祈福。

宫外，皇帝钦派亲王、大臣前往雍和宫，主持煮粥、献粥、施粥活动。

放爆竹

放爆竹是中国传统民俗，大约有两千多年历史。

相传，放爆竹，是为了驱赶一种叫“年”的怪兽。

新年午夜，交正子时，元旦钟声敲响，整个中华大地上空，爆竹声震响天宇。

《乾隆帝岁朝行乐图》轴　清　乾隆时期

宫廷画师丁观鹏、郎世宁、沈源、周鲲绘，纵305厘米，横206厘米。郎世宁是西方画师，所以这幅画是中西结合的画作。乾隆皇帝十分重视传统节日，每每节日，定会在皇宫之中举行庆典活动。这幅画描绘的就是岁朝（元旦）之时，乾隆皇帝与皇家孩童在庭院内游戏玩耍、放炮庆祝的场景。

《弘历雪景行乐图》轴　清　乾隆时期

宫廷画师丁观鹏、郎世宁、沈源、周鲲绘，纵486厘米，横378厘米。郎世宁是西方画师，所以这幅画是中西结合的画作。描绘的是乾隆皇帝与皇家众人（妃嫔与皇子）在皇宫一处宫苑内赏雪游乐的场景。

这是“岁之元、月之元、时之元”，称为“三元”。许多地方，在庭院里垒“旺火”，以示旺气通天，兴隆繁盛。

《荆楚岁时记》，是记录中国古代以江汉地区为中心的楚地岁时、节令、风俗、习惯、古物、掌故的笔记体文集，南北朝梁宗懔（501—565）撰写。全书共三十七篇，记载了元旦至除夕二十四节令、风俗。书中记载：“正月一日，鸡鸣而起。先于庭前爆竹，以避山臊恶鬼。”

这段记载，说明放爆竹，在公元六世纪时，已经风行中国，是中国古代一种驱瘟逐邪的音响工具。

据《神异经》记载，远古时候，人们途经深山露宿，晚上要点篝火，一为煮食取暖，二为防止野兽侵袭。可是，深山中，有一种动物，既不怕人又不怕火，就是“年兽”，经常趁人不备，袭击人畜。人们为了躲避“年兽”，就想起在火中燃放爆竹，用竹子的爆裂声使其远遁。

这里所说的动物，名叫“山臊”。古人说，其可令人寒热。意思是，能够使人得寒热病的鬼魅；吓跑“山臊”，就是驱逐瘟邪，才可吉利平安。

有了火药，人们就用火药装入竹筒，做成爆竹。后来，用纸制筒，装入火药，称为爆仗、炮仗、鞭炮。

清代宫廷中，明确规定：每年腊月十九日，开始燃放爆竹。

每年腊月二十四日以后，皇帝出入宫廷，爆竹跟着皇帝走：如果皇帝出宫，每走过一个宫门，太监就放一声爆竹；皇帝入宫，同样。

封印

腊月十九日至二十二日，四天，小年前夕，皇帝降旨，由钦天监选择吉日，公告天下：宫廷、中央、地方各大衙门，照例封印。

封印，就是封存印章，不办公，放假。

宫中封印，非常郑重，皇帝亲自举行仪式：

太监恭捧皇帝宝印，安放在交泰殿御案上。

二十五宝玺

在古代，皇帝的印章叫作“玺”，乾隆皇帝曾说：“盖天子所重，以治宇宙，申经纶，莫重于国宝。”历代皇帝都将玉玺作为其国家的象征，这也是皇帝统治天下被信服的依据。

二十五宝玺是清乾隆皇帝时期象征国家权力的御用国宝，这也是目前唯一一套完整的皇帝御宝。这二十五宝玺放置于交泰殿宝盝内，由内阁保管，须经皇帝批准才能取出。交泰殿是皇后被朝贺的宫殿。

『大清受命之宝』及钤本，高12厘米，方印长宽为14厘米。白玉盘龙纽。据《交泰殿宝谱》记录，作用：『以章皇序』，章作『彰显』之意。此印表明了皇帝的正统身份。

『皇帝奉天之宝』及钤本，高15.2厘米，方印长宽为14厘米。碧玉盘龙纽。据《交泰殿宝谱》记录，作用：『以章奉若』，此印表示皇帝顺天。

『大清嗣天子宝』及钤本，高7.6厘米，方印长宽为7.9厘米。金交龙纽。据《交泰殿宝谱》记录，作用：『以章继绳』，效仿祖辈。

檀香木『皇帝之宝』及钤本。据《交泰殿宝谱》记录，作用：『以肃法驾』，用于整理国家秩序。

『皇帝之宝』及钤本，岫岩石交龙纽。据《交泰殿宝谱》记录，作用：『以布诏赦』，大赦天下之印。

『天子之宝』及钤本，高6.4厘米，方印长宽为7.8厘米。青玉交龙纽。据《交泰殿宝谱》记录，作用：『祭祀百神』。

『皇帝尊亲之宝』及钤本，高6.1厘米，方印长宽为6.8厘米。白玉盘龙纽。上皇太后徽号及上尊谥、庙号之用。据《交泰殿宝谱》记录，作用：『以荐徽号』。尊崇、册封皇族成员。

『皇帝亲亲之宝』及钤本，高7.7厘米，方印长宽为7.2厘米。白玉交龙纽。据《交泰殿宝谱》记录，作用：『以展宗盟』，亲近亲王、向亲王颁旨之印。

『皇帝行宝』及钤本，高13厘米，方印长宽为15.6厘米。碧玉蹲龙纽。据《交泰殿宝谱》记录，作用：『以颁锡赉』，办公用印，封赏之印。

『皇帝信宝』及钤本，高6.5厘米，方印长宽为10.5厘米。白玉交龙纽。据《交泰殿宝谱》记录，作用：『以征戎伍』，征兵之印。

『天子行宝』及钤本，高13.8厘米，方印长宽为15.5厘米。碧玉蹲龙纽。据《交泰殿宝谱》记录，作用：『以册外蛮』，册封外藩之印。

「天子信宝」及钤本，高8.5厘米，方印长宽为12.1厘米。青玉交龙纽。据《交泰殿宝谱》记录，作用：「以命殊方」，给其他国家颁旨的凭证之印。

「敬天勤民之宝」及钤本，高9.8厘米，方印长宽为10厘米。白玉交龙纽。据《交泰殿宝谱》记录，作用：「以饬觐吏」，对京外官员来京朝见时颁旨之印。

「制诰之宝」及钤本，高14.7厘米，方印长宽为13厘米。青玉交龙纽。据《交泰殿宝谱》记录，作用：「以谕臣僚」，降旨训示官员之印。

「敕命之宝」及钤本，高9厘米，方印长宽为11.3厘米。碧玉交龙纽。据《交泰殿宝谱》记录，作用：「以钤诰敕」，降旨颁敕命之印。

「垂训之宝」及钤本，高 10.5 厘米，方印长宽为 13 厘米。碧玉交龙纽。据《交泰殿宝谱》记录，作用：「以扬国宪」，宣扬国家制度之印。

「命德之宝」及钤本，高 10.4 厘米，方印长宽为 13 厘米。青玉交龙纽。据《交泰殿宝谱》记录，作用：「以奖忠良」，降旨奖赏忠良者之印。

「钦文之玺」及钤本，高 9.8 厘米，方印长宽为 11.7 厘米。墨玉交龙纽。据《交泰殿宝谱》记录，作用：「以重文教」，重视文化教育之印。

「表章经史之宝」及钤本，高 13.2 厘米，方印长宽为 15.3 厘米。碧玉交龙纽。据《交泰殿宝谱》记录，作用：「以崇古训」，尊崇古训之印。

『巡狩天下之宝』及钤本，高13.3厘米，方印长宽为15.3厘米。青玉交龙纽。据《交泰殿宝谱》记录，作用：『以从省方』，御驾出巡随身印章。

『讨罪安民之宝』及钤本，高13.9厘米，方印长宽为15.3厘米。青玉交龙纽。据《交泰殿宝谱》记录，作用：『以张戎伐』，讨伐叛乱时的随身印章。

『制驭六师之宝』及钤本，高10.8厘米，方印长宽为17厘米。墨玉交龙纽。据《交泰殿宝谱》记录，作用：『以整戎行』，颁布军令之印。

『敕正万邦之宝』及钤本，高10.7厘米，方印长宽为13厘米。青玉交龙纽。据《交泰殿宝谱》记录，作用：『以诰外国』，颁旨番邦属国之印。

『敕正万民之宝』及钤本，高10.4厘米，方印长宽为12.6厘米。青玉盘龙纽。据《交泰殿宝谱》记录，作用：『以诰四方』，昭告天下百姓之印。

『广运之宝』及钤本，高15.6厘米，方印长宽为19厘米。墨玉交龙纽。据《交泰殿宝谱》记录，作用：『以谨封识』，宣扬天运，重视旌表纪念之印。

供案上，陈设清酒、果品。

皇帝一身新装，拈香行礼，感谢列祖列宗、天地诸神。

随侍官员恭捧皇帝宝印，走出大殿；内阁官员，恭捧宝印，来到乾清宫门外，清洗擦拭干净，捧入大殿内，恭敬地装入宝匣中，封存。

新年之时，钦天监选择吉日，皇帝钦定，举行宝印开封仪式，同上。

封印之后，中央各大部院主管、掌印官员，欢聚一堂，设宴庆贺，共祝一年顺利，答谢一岁辛苦。

当时，京城各大酒楼、茶馆，热闹非常："前门一带，拥挤非常。园馆居楼，均无隙地矣！""乞丐无赖，攫货于市肆之间，毫无顾忌，盖谓官不办事也，亦恶俗也。"

彩服日

腊月二十一日，称为彩服日。

彩服日，就是放假；学生，就是放寒假。

《燕京风时记》记载："儿童之读书者，于封印之后，塾师解馆，谓之放年学。"放年学，就是学生放寒假。

皇宫中，皇子在上书房读书。

清宫中，每年彩服日，至正月初五，读书皇子放寒假，十五天。

《清宫述闻》记载："上书房，自彩服日，至次年初五日，不入学。"

皇子开学时间，定在正月初六。

民间，孩子入学，通常是正月十五以后，放寒假三十天。

小年

腊月二十三日，祭灶，送灶神上天，燃放鞭炮，称为过小年。

清宫中，腊月二十三日，祭灶，过小年。

祭祀地点，坤宁宫；用大灶，煮祭肉。

祭祀时，摆设供案，恭捧神牌，备齐香烛，摆满供品三十三种；特别摆放南苑黄羊一只、盛京内务府进贡的麦芽糖。

主祭者，由皇帝、皇后分别担任。汉人祭祀灶神，禁止妇女祭祀。清宫沿袭满洲习俗，祭祀灶神时，由皇帝主祭：皇帝、皇后，一先一后，进入坤宁宫，分别来到佛像前、神龛前、灶神像前，拈香行礼，恭敬祭祀。礼毕，回宫。

清德宗光绪帝载湉读书像

光绪帝是清朝第十一位皇帝，于1875年2月至1908年11月在位，年号光绪。四岁即位，由慈安太后及慈禧太后两宫听政。在位时历经了中日甲午战争和戊戌变法。中日甲午战败后，光绪皇帝不愿做『亡国之君』，蓄意变法维新，颁布《定国是诏》。不过由于顽固派的阻挠，整个变法历时不过103天，史称百日维新。在戊戌变法失败后，光绪皇帝被慈禧太后幽闭于中南海瀛台，1908年逝世。庙号德宗，谥号景皇帝（他是中国历史上最后一位有正式谥号及正式庙号的皇帝），葬于清西陵中的崇陵。

《饯腊迎祥》册之“黄羊祀灶”　清　董诰

腊月二十三日，祭灶，送灶神上天，燃放鞭炮，称为过小年，这也是祭祀灶君灶神的节日。祭灶又称作送灶，人们摆好供品，虔诚地焚香进酒，寄托着百姓祈求神明保佑合家平安。

“黄羊祀灶”的典故来自《后汉书·阴识传》：“腊日晨炊而灶神形见”“家有黄羊，因以祀之”。汉代阴识用黄羊祭祀灶神而发财。人们用黄羊祭祀，表明对灶神予以重托，祈祷幸福安康，有美好生活。

上灯

每年送旧迎新之际，乾清宫焕然一新，装饰得灯火辉煌。

腊月二十四日，乾清宫热闹非凡，总管内务府大臣亲自率领太监，搭设天灯、万寿灯，称为上灯。

这一日，内务府大臣率领员役，举着灯竿和各种器械进入乾清门，在乾清宫的丹陛之下左右安设天灯的支架，在丹陛之上左右安设万寿灯的支架。然后，太监在支架上悬挂天灯。现在乾清宫丹陛上面还保留着两个高约一米四的六角形石座，丹墀左右也有两个同样的石座，就是用于搭设灯架。自腊月二十四日晚开始，每天晚上点设天灯，一直到次年的二月初三。

丹陛之上的左右两座万寿灯架上，每座的正南、正北、正东、正西、东南、西南、东北、西北八个方向各悬挂一对联句，共计万寿宝联十六幅，每幅两面俱绣金字联句。例如，左侧的万寿灯正南的联句是：

“万国庆咸宁，爰偕乐声平，午夜铜壶歌管，声连紫陌；一人宏敛锡，政同赓保定，千秋金鉴图陵，象叶彤墀。”

正北的联句是：“兰茞翡翠逐时荣，熊熊丸丸，辉映处，遍满图陵松柏；火齐木难同夜永，麟麟炳炳，影摇中，昭回日月山川。”这些联句都是从明代传下来的。

除夕之日，皇帝在保和殿主持筵宴时，总管内务府大臣率员役到乾清宫前，撤下对联，换上万寿灯，并在两廊和甬道石栏上安设灯笼。万寿灯十六挂，共大小灯一百二十八盏，两廊檐、围廊张挂灯一百二十盏，栏杆灯一百九十四盏。乾清宫的檐前张挂大灯九盏。这些灯亮彻通宵，元旦之夜继续点燃。新年的正月十一日至十五日的上元节（即灯节，又称元宵节）前后，每夜灯火辉煌。正月十八日撤灯。

灯屏上的图案，有寓意吉祥的花鸟、山水、神仙人物，并且有六十幅一套的“养正图”故事。《养正图解》是明万历年间负责辅导太子朱常洛的大臣焦

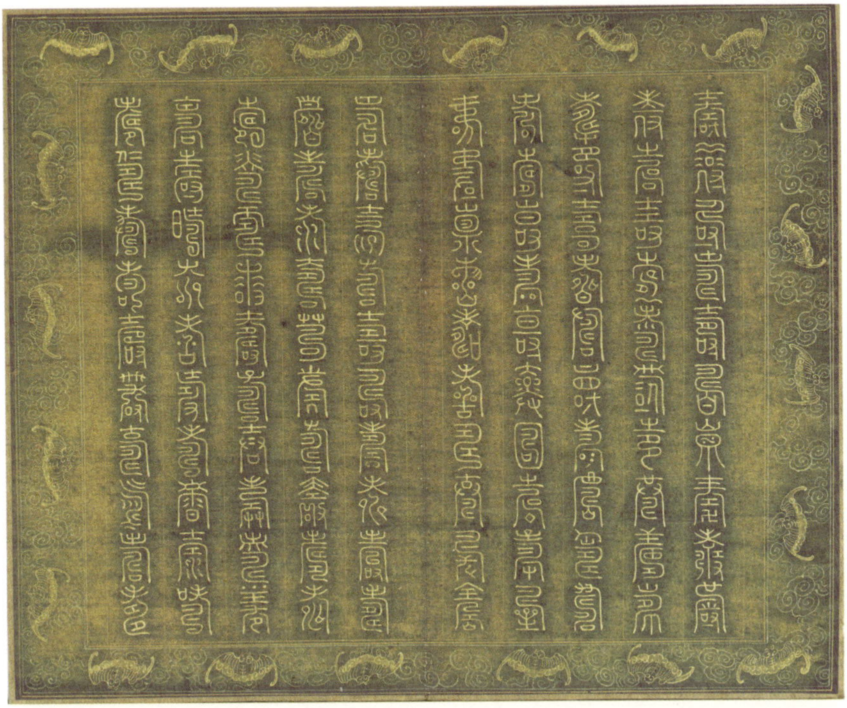

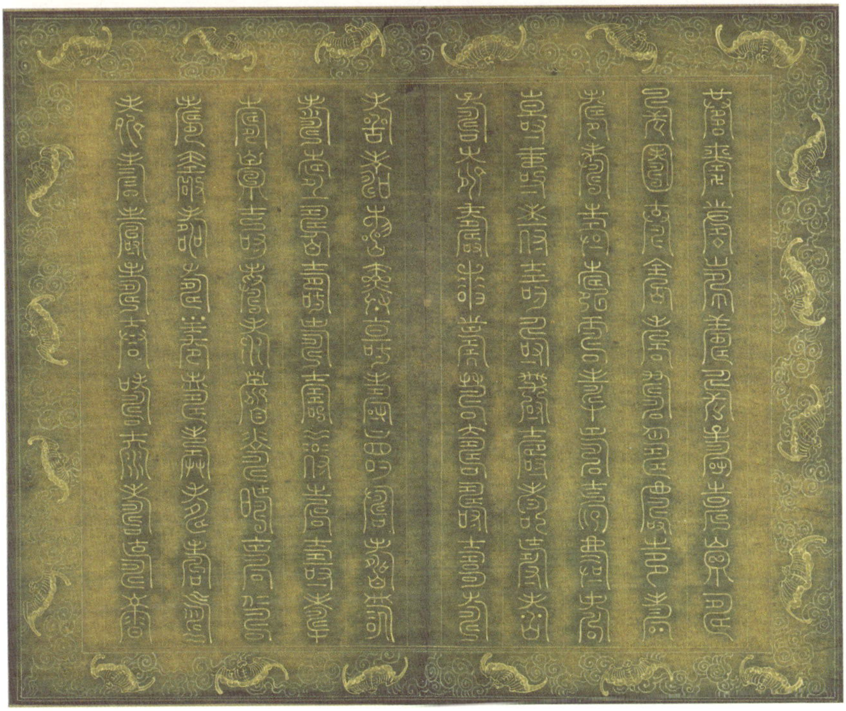

万寿字册　清

《养正图》册　清

又叫《圣功图》，图文并茂，描绘的是历代明君贤臣的故事，共十开，张若霭书，冷枚绘。期望君王、臣子都能以史为鉴，有教育意义。

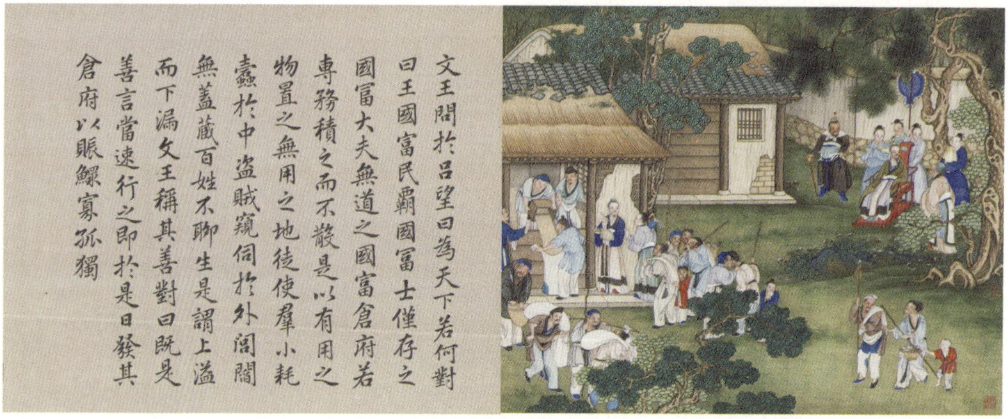

周文王与吕望

文字部分为：文王问于吕望曰：“为天下若何？”对曰：“王国富民，霸国富士；仅存之国，富大夫；无道之国，富仓府；若专务积之而不散，是以有用之物置之无用之地。徒使群小耗蠹于中，盗贼窥伺于外，闾阎无盖藏，百姓不聊生，是谓上溢而下漏。”文王称其善，对曰：“既是善言，当速行之。”即于是日发其仓府，以赈鳏寡孤独。

晋文公战楚国

文字部分为：晋文公与楚战至黄凤之陵，履系解，不使他人，乃自结之。左右问曰：“何不使人，而自劳乎？”公曰：“我闻上君之所，与居皆其所畏也；中君之所，与居皆其所爱也；下君之所，与居皆其所侮也。结履之事，必可慢之人，乃可使之。寡人虽不肖先君，遗下之人非可敬，则可爱者也，是以难矣。”

周成王与少弟叔虞

文字部分为：周成王与少弟叔虞宫苑中闲游，将桐叶削为诸侯所执圭与叔虞，戏曰：“以此圭封汝为侯。”有臣史佚在旁，即请命官，择日行册封礼。王曰：“吾与之戏言，岂真欲封耶！”史佚对曰：“天子无戏言！”史官即书册上，行于政事，礼成之，乐歌之，遂封叔虞于唐尧故都，号为唐侯。

孔子与金人对话

文字部分为：孔子观于太庙，右阶之前有金人焉。三缄其口，而铭其背曰：“古之慎言人也，戒之哉！无多言，多言多败。无多事，多事多害。安乐必戒，无形所悔。勿谓何伤，其祸将长。勿谓何害，其祸将大。勿谓莫闻，神将伺人。荧荧不灭，炎炎奈何？涓涓不壅，终为江河。人皆趋彼，我独守此。”孔子顾谓弟子曰：“此言虽鄙而中事情。”

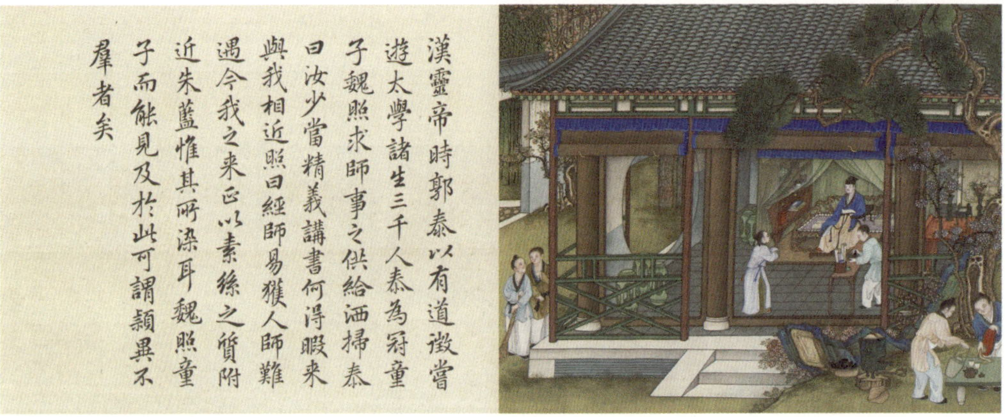

汉代郭泰与魏照

文字部分为：汉灵帝时，郭泰以有道征。尝游太学，诸生三千人，泰为冠，童子魏照求师事之，供给洒扫。泰曰："汝少，当精义讲书，何得暇来与我相近？"照曰："经师易获，人师难遇。今我之来，正以素丝之质附近朱蓝，惟其所染耳。"魏照童子而能见及于此，可谓颖异不群者矣。

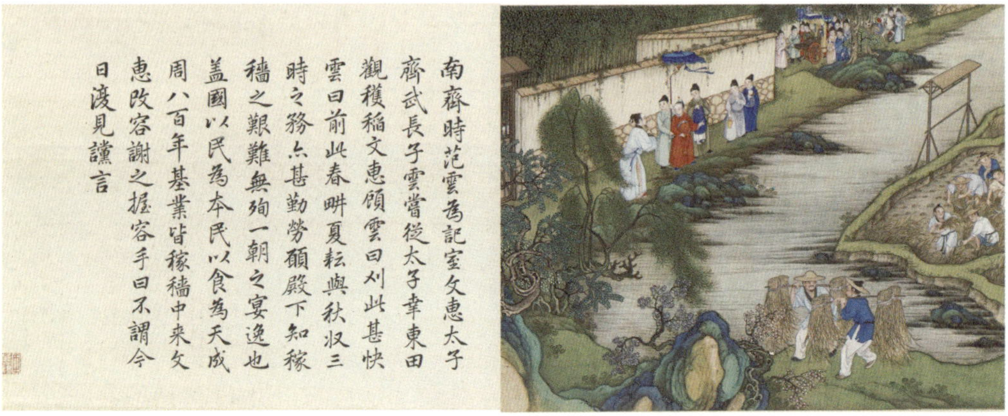

南齐范云与文惠太子

文字部分为：南齐时，范云为记室。文惠太子，齐武长子。云尝从太子幸东田，观获稻。文惠顾云曰："刈此甚快！"云曰："前此春耕、夏耘与秋收三时之务，亦甚勤劳。愿殿下知稼穑之艰难，无殉一朝之宴逸也。盖国以民为本，民以食为天；成周八百年基业皆稼穑中来。"文惠改容谢之，握容手曰："不谓今日复见谠言！"

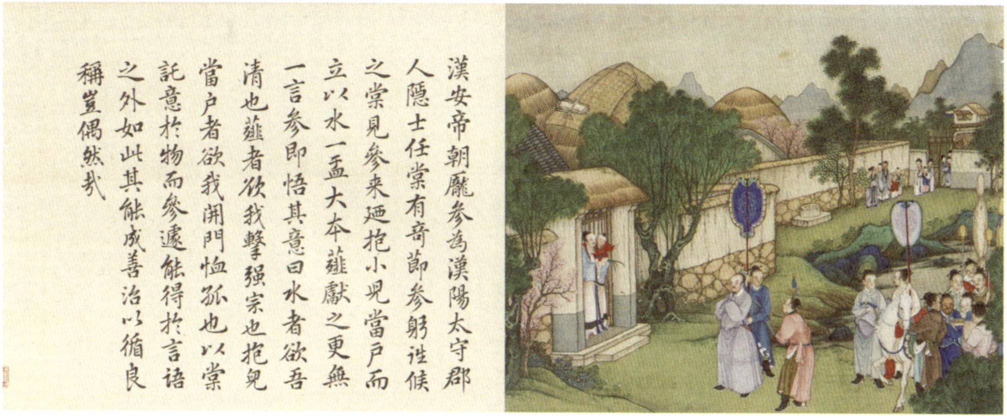

汉太守庞参与隐士任棠

文字部分为：汉安帝朝，庞参为汉阳太守。郡人隐士任棠，有奇节。参躬往候之。棠见参来，廼抱小儿当户而立，以水一盂，大本薤献之，更无一言。参即悟其意，曰："水者欲吾清也，薤者欲我击强宗也，抱儿当户者，欲我开门恤孤也。"以棠诧意于物，而参遂能得于言语之外。如此其能成善治。以循良称，岂偶然哉？

唐太宗军事理论

文字部分为：唐太宗引诸卫将卒谕之曰："边庭侵乱，中国自古有之，不足为患。患在边境稍宁，则人主逸游忘战，不复提备。故寇来莫能御，深足为患。朕不使汝穿池筑苑，以供役使，专习弓矢。居闲无事，则操练教习。为汝之师，万一边庭有警，则统领出征；为汝之将，每日引领数百人教射于殿廷，不出数年，武艺精熟。"

唐玄宗与宰相韩休

文字部分为：唐玄宗时，宰相韩休为人峭直，不干荣利。玄宗有时宫中宴乐，及后苑游猎，或举动稍过，差辄谓左右曰：“韩休知否？”言终：“谏疏已至御前。”玄宗尝临镜默然不乐，左右曰：“自韩休为相，陛下殊瘦于旧，何不逐之以自快乐？”玄宗叹曰：“我貌虽瘦，天下必肥，岂可爱一身而废天下乎？”

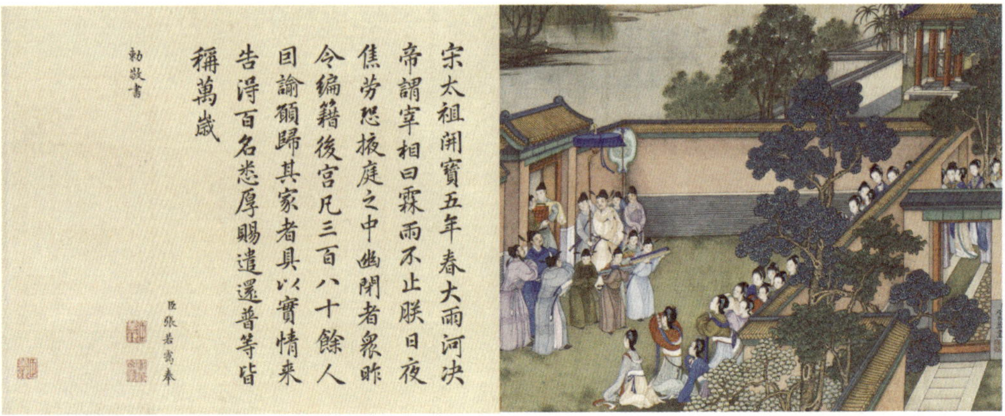

宋太祖遣后宫百人

文字部分为：宋太祖开宝五年春大雨，河决。帝谓宰相曰：“霖雨不止，朕日夜焦劳。”恐掖庭之中，幽闭者众。昨令编籍，后宫凡三百八十余人。因谕：“愿归其家者，具（俱）以实情来告。”得百名，悉厚赐遣还，普等皆称万岁。

竑编辑的一册配图读物，内容是古代明君、贤臣和儒家贤哲的故事。清代沿袭下来。

元旦期间，乾清宫殿檐下陈设中和韶乐，乾清门内的后檐下陈设丹陛大乐，准备在典礼进行时演奏。

明代宫中，每逢这一段喜庆的日子——腊月二十四日至正月十七日，乾清宫前例行燃放烟火。钟鼓司太监每晚在乾清宫丹陛下扎烟火，花炮种类繁多，有“寿带”“葡萄架”“珍珠帘”“长明塔”等。这种习俗容易引发宫殿火灾，明武宗时就发生过大火，乾清宫一度被毁。但乾清宫再建之后，明宫并没有改弦更张，依旧在乾清宫前点放烟火。清代改在南海子和圆明园的“山高水长”施放烟火。

乾清宫的东壁，每逢新年时都要张挂康熙皇帝御笔墨刻的《兰亭序》；西壁悬挂唐岱、孙祜仿李唐的《寒谷先春图》。

每年皇帝的生日万寿节，乾清宫要“安挂彩子”，就是用彩帛把宫殿装饰得喜庆明丽。

《宫训图》

腊月二十六日，清宫习俗：

乾隆年间，乾隆皇帝命宫廷画师，选取中国古代后妃美德典范，绘制十二幅《宫训图》，作为后妃学习的榜样。

乾隆皇帝非常重视后妃美德，亲自撰写《宫训图赞》，命书法大家、大学士张照、梁诗正、汪由敦分别书写。

东西六宫，分别张挂十二幅《宫训图》；墙壁上，分别悬挂《宫训图赞》。

二月初二，《宫训图》收藏于景阳宫后之学诗堂。

这十二《宫训图》，分别是：

东六宫：

景仁宫，《燕姞梦兰图》，吉祥；

承乾宫，《徐妃直谏图》，正直；

钟粹宫，《许后奉案图》，孝敬；

延禧宫，《曹后重农图》，重农；

永和宫，《樊姬谏猎图》，直谏；

景阳宫，《马后练衣图》，节俭；

西六宫：

储秀宫，《西陵教蚕图》，纺织；

长春宫，《太姒诲子图》，教子；

翊坤宫，《昭容评诗图》，知读；

永寿宫，《班姬辞辇图》，达礼；

启祥宫，《姜后脱簪图》，相夫；

咸福宫，《婕妤挡熊图》，忠勇。

《婕妤挡熊图》　清　金廷标

纵 150 厘米，横 75 厘米。此画描绘的是冯婕妤为汉元帝挡熊的场景。
在一次演出中，一只大黑熊突然冲出栏杆。宫人吓得惊慌失措，四处奔走。这时冯婕妤挺身而出，只身为元帝挡熊。幸而侍卫赶来杀掉了黑熊。因为冯婕妤挺身而出为元帝挡熊的事情，此后元帝对她钦佩、敬重有加，升她为昭仪，而后其子刘兴为信都王。画中人物的动作神态刻画细致，表现出婕妤的果敢和大义。此后“婕妤挡熊”的故事便流传为千古佳话。
此图与《燕姞梦兰图》《徐妃直谏图》《许后奉案图》《曹后重农图》《樊姬谏猎图》《马后练衣图》《西陵教蚕图》《太姒诲子图》《昭容评诗图》《班姬辞辇图》《姜后脱簪图》合称为十二《宫训图》。十二《宫训图》分别代表着古代贤妃的美德，分赐给后宫嫔妃，期望嫔妃可以以此为范。

熊佚直前當以身用加敬重倍
羣嬪漢家天子猶隆準頗使
英風讓婦人　檻熊原有羽林
人未免矜長擢眾嬪豈識封侯
幾更立翻因此以害其身
丙戌暮春之初御題

春联

祭灶之后，家家户户，张贴春联，迎接新年。

春联，古时称桃梗、桃符。

战国时，称为桃梗，又叫桃木人。

晋时，称为桃符：在桃木上，书写或者图画神荼、郁垒两位门神。

五代时期，在桃木板上，书写吉祥之语。

纸张流行以后，在红纸上书写吉祥之语，称为春联。

贵族之家，用朱笺书写吉语。

春联，是汉民族迎接新年的传统习俗。

满族入主中原，定都北京，沿袭汉人传统，宫中张贴春联。

满洲风俗，不同于汉人风俗：

汉人春联，喜用红纸；丧事之时，才用白纸；满洲尚白，只有皇宫和宗室王公，才有资格用白纸做春联，缘以红边、蓝边；非皇家宗室者，不得擅用。

皇帝御笔书写福、禄、寿、喜等吉语，以及春联，赏赐近侍、臣工时，才用红纸。

从时代上说，各个朝代尊崇的颜色各不相同：

商人尚白，周人尚红，秦人尚黑，汉至明尚红尚黄。

从民族上说，各有千秋：

蒙古人，尚白；汉人，尚黄。

清代春条

春节时贴于门楹上的吉祥词。

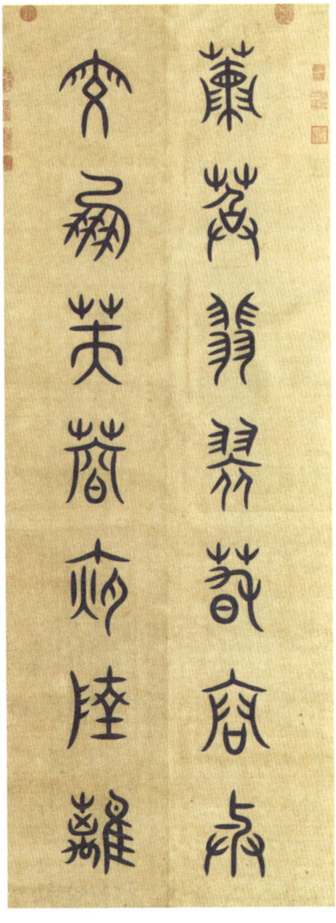

清代无名氏缂丝对联

清乾隆皇帝御笔对联

“乾坤增瑞色，宫殿纳春和”。乾坤代表宇宙天地，宫殿代表住所，上联主人，下联讲小，代表着皇帝希望大地万物都能祥瑞和谐，宫室及琐事也能增添吉祥，招福纳瑞。

门神

春节张贴门神，是中国汉族地区的风俗，有数千年的历史。

上古之时，有神荼、郁垒二人，非常神勇。他们在度朔山中桃树之下，专门用苇索捆绑恶鬼，去喂猛虎。久而久之，闻名遐迩。于是，新年之时，当地县令下令：以桃人、苇索陈于门前，图画老虎，用来驱除恶鬼。

后来，不断演变。新年之际，人们渐渐图画神荼、郁垒二人画像，张贴门上，称为门神。后来演变为秦叔宝、尉迟敬德二将。

传说，有一天，唐太宗身体不适。恍惚间，他听见门外有鬼怪的哭喊呼叫声！

唐太宗心烦意乱，命令秦叔宝、尉迟敬德二位身经百战的将军，一身戎装，侍立在门外。奇怪的是，竟然一夜安静，平安无事。

唐太宗喜出望外，醒来之后，吩咐将两位将军画像，张贴在宫门上。从此以后，夜夜宁静，安然无恙。后来，秦叔宝、尉迟敬德两位将军，成为中国家喻户晓的门神，用于避邪、镇宅。

清宫明确规定：

每年腊月下旬，宫中各处，张贴门神；次年二月初三，撤下门神，收存贮藏。

宫廷中，每年张贴的门神，真丝质地，或者是绢质、高丽纸质，以泥金描绘人像，或者以沥粉贴金描绘人像，富于质感，栩栩如生。

门神线条流畅，画工细致；精心装裱，或者嵌以紫檀框架，非常精美。

哼哈二将门神

哼将郑伦与哈将陈奇，是佛寺中的两个门神。哼哈二将也是明代小说《封神演义》中商纣王的将军，其形象威武凶猛，郑伦的绝招是哼白气，陈奇可以口哈黄气制敌，二人俗称“哼哈二将”。后来被周文王俘获，归顺了周文王，成为姜子牙麾下大将。伐纣成功后，姜子牙封神的时候，将二人封为镇守寺庙的两位门神。

得禄

腊月二十七、二十八、二十九，三日，喇嘛作法、跳舞，宫中称之为得禄日。

每年这三日，在宫中中正殿前摆设丰盛供品，陈列冠、袍、带、履生活用品。皇帝一身礼服，临御小金殿。喇嘛身穿法衣，一百八十四人，排列队形，手执五色旗，旋转、唪经，驱邪迎福。众喇嘛扮演十二生肖、二十八宿天神，威然侍立；喇嘛扮演一鹿，在场中跳跃；众神围绕护鹿，得之。

这种舞蹈，本来是满洲古老的狩猎获鹿仪式；进入中原以后，吸收汉文化，演绎为“得鹿（禄）”。

打鬼

腊月二十七、二十八、二十九，三日，喇嘛做法事，驱鬼，宫中称为跳布扎，俗称“打鬼”。

中正殿前，一众喇嘛，三十六人，一身崭新法衣，唪念喜经，迎接新年。中正殿前空地上，扎一个稻草人；众喇嘛一身法衣，念诵经咒；做完法事之后，喇嘛一行，押送稻草人，出皇宫北门神武门，扔之。

这套仪式，是中国古代宫廷中的大傩戏，意在驱除厉鬼。

喇嘛教之主持。

喇嘛和喇嘛寺香炉。

喇嘛唪经。

喇嘛

节选自《燕京胜迹》，1927 年出版。中国国家图书馆藏。图为清代年间的喇嘛和喇嘛庙。藏传佛教术语，上师、上人的意思，表示对藏传佛教僧人的尊敬。清乾隆皇帝为对藏传佛教表示尊崇，在中原地区修建了喇嘛庙，庙内放置了大量的佛教物品。清王朝尊重宗教信仰的做法，缓和了民族矛盾，防止了不必要的暴乱发生。所以，乾隆皇帝诗云“一座喇嘛庙，胜抵十万兵”。

《百鹿图》　清　艾启蒙

现藏于台北故宫博物院。画卷描绘的是秋季塞外风景，群鹿嬉戏于山水之间，绘出了百种鹿姿，有奔跑行走的、有游水饮水的，有卧地休息的，还有游戏打闹的。艾启蒙用的是西洋画法来绘制百鹿，细看之下勾勒的皮毛细腻有质感。艾启蒙（1708—1780），波希米亚人，天主教传教士，清代乾隆年间进京，入宫廷画院做画师。师从郎世宁，擅画人物和飞禽走兽一类。

祭祖

除夕前一日，凌晨，祭祀先祖。

皇帝身穿礼服，亲临太庙，祭祀祖先：

奉先殿，是皇帝家庙，供奉列圣（诸帝）、列后（诸后）牌位；供案上，摆设丰盛供品；

皇帝斋戒三日，视牲、书祝版、设乐舞。

日出前七刻，遣派王公，前往中殿、后殿，恭迎诸祖：公一人，率领宗室八人，前往后殿，恭捧远祖神牌；王一人，率领宗室八人，前往中殿，恭捧太祖帝后诸神牌，来到前殿；皇帝衣冠整洁，来到奉先殿大殿；读祝词，迎神，奏乐，献舞；皇帝亲率群臣，行三跪九叩首礼；献燎；还宫；王、公率领宗室，恭捧诸神牌位，还后殿、中殿。

皇帝恭敬合祭祖先，称为祭祖。

赏赐荷包

宫廷荷包，非常精致，种类繁多，制作精良。

每年岁末，皇帝按例，赏赐蒙古亲王：大荷包一对，荷包内，装五彩宝石八宝；小荷包四对，荷包内，装金银八宝；小荷包一个，荷包内，装金银钱四枚，金锞银锞四枚。

后来，宫中，皇帝、太后准备荷包、红包，赏赐后妃、众人。

图选自清代绘制的《唐土名胜图会》。太庙是供奉皇家历代列祖列宗的宗庙，社稷指的是社神（土地神）和稷神（五谷神），社稷合称，代指国家。社稷坛则是祭祀社神和稷神的场地，祈求国泰民安。太庙和社稷坛分别在紫禁城的东边和西边，按照《周礼·考工记》的“左祖右社”而布局的。

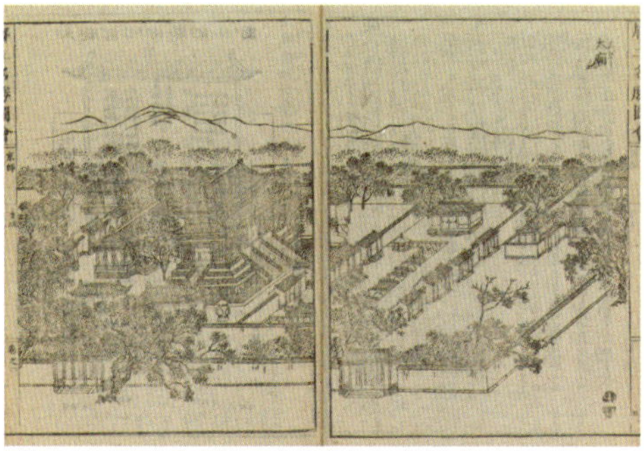

太庙

明清皇帝祭祖的地方。

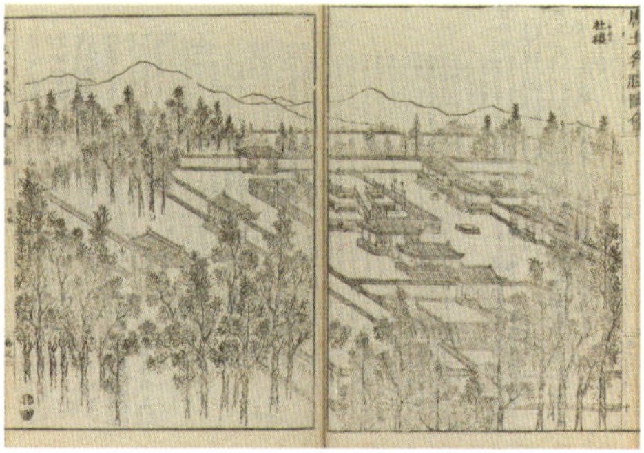

社稷

社稷坛。

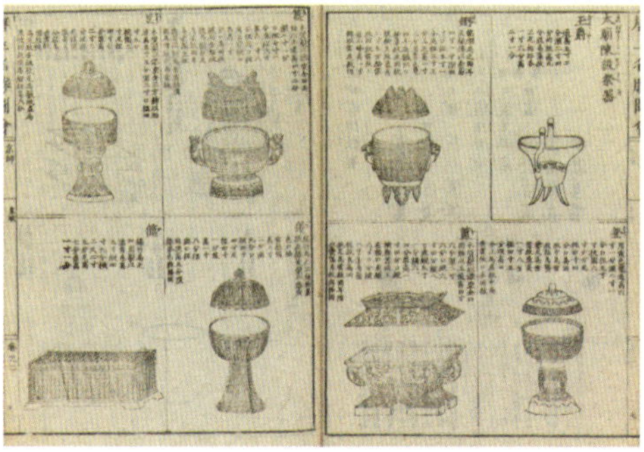

太庙陈设祭器

登、铏、玉爵、簠、簋、笾、豆、篚，礼器。

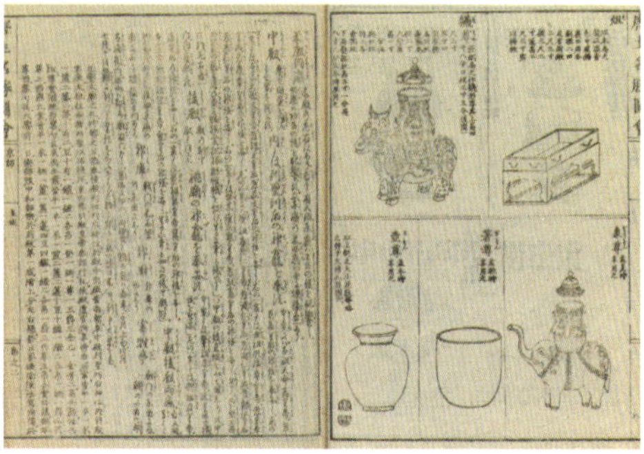

太庙陈设祭器

俎、牺尊、象尊、著尊、壶尊。

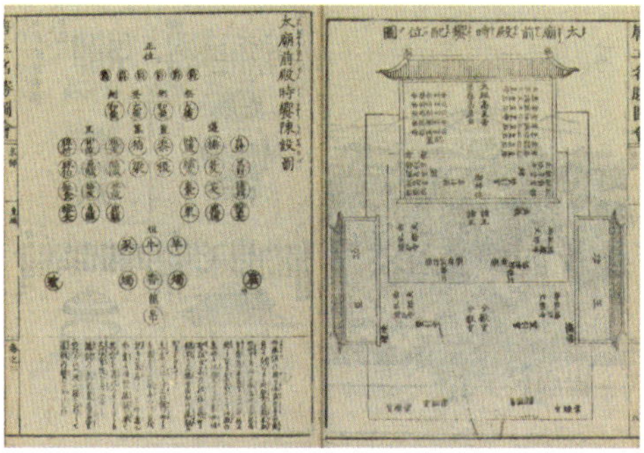

太庙前殿时飨配位图和太庙前殿时飨陈设图

时飨，即时享。太庙四时的祭祀，在祭祀时帝王与臣子都要行时飨礼。古语《国语·周语上》：“日祭、月祀、时享、岁贡、终王，先王之训也。”
太庙前殿时飨陈设图。祭器，皇帝和皇后各一份。为登、铏、玉爵、簠、簋、笾、豆、篚，分别盛放不同祭品。其中，登装太羹，铏装和羹，簠装稻、粱和黍、稷，笾和豆分装十二类食物。俎置牛、羊、豕（猪）和烛、香，篚置帛。

《康熙南巡图卷九·康熙皇帝祭谒大禹陵》（局部）

《康熙南巡图》是王翚、杨晋等从 1691—1693 年间所作的宫廷画作，共十二卷。其中第一、第九、第十、第十一、第十二卷藏于北京故宫博物院。此卷是其中的第九卷，记录了康熙皇帝自江浙地区运河一路而下，又至会稽山、大禹陵一路发生的事情。此画为其中局部图“康熙皇帝祭谒大禹陵”。禹是夏后氏首领，传说是颛顼的曾孙，黄帝轩辕氏第六代玄孙。他是中国古代与尧、舜齐名的圣贤君王，舜死后禅让于禹。最为人们津津乐道的是“大禹治水”的传说。上古时期，黄河流域洪水为患，禹主持治水后，带着尺、绳等测量工具到全国的主要山脉、河流做了一番周密的考察。于是他确立了一条与他父亲的“堵”相反的治水方针，叫作“导”，就是疏通河道，拓宽峡口，让洪水能更快地通过。大禹治水成功，使百姓得以安居乐业。古人云“国之大事，在祀与戎”。祭祀祖先与神明，祈祷国泰民安，国家风调雨顺。

西洋珠编荷包　清

整体呈束口囊袋造型，内衬为真丝布料，荷包外围分成四个区域，以金黄色玻璃珠为间隔，白色珠子为底，分别以彩珠串制不同的人物及背景图案。荷包的制作手法别致又新颖，此件应类属西洋进贡朝廷的洋荷包。

荷包　是指古代人们随身佩戴的可以装小物件的一种小包。春节之际，装荷包送人，以表达美好的祝愿。

荷包　清

33.66厘米×33.66厘米。在传统荷包的边缘缝制了一条丝质绢巾，整体呈现三角形态。两边各有一条双头墨绿色流苏挂饰。荷包两面为一白一棕不同颜色的布料，都绣有花枝叶和昆虫图案。造型独特，可见清代荷包百样，制作匠人创意百出。

守岁

每年腊月三十，称为除夕。除夕之夜，全家团圆，围坐一起度岁，称为守岁、守夜。

夜晚寒冷，家家户户，炭火旺盛；酒浆果品，陈列案桌；窗明几净，灯烛辉煌。

老人、女子、儿童，掷骰、半叶、游戏为乐，欢声笑语，充满庭院。

午夜时分，天光越黑，爆竹越盛。

家人相互祝福，相互恭贺，喜气洋洋。

清宫过年，从守岁开始。

除夕，请神；初五，送神。

这期间，是真正意义上的春节，称为过大年。

除夕，皇帝非常忙碌。

接神：寅时（凌晨4点），皇帝起床，洗漱完毕，前往养心殿东、西佛堂，上香；然后，前往乾清宫、御花园等十余处地方，拈香行礼，恭请各处神灵，进宫过年；皇帝出入一门，太监燃放爆竹一声。

踩岁：除夕之时，庭前、院落至大门，所有行走之地，都铺设芝麻秸秆；人在上面行走，称为踩岁。芝麻开花——节节高；踩芝麻秆，辞旧迎新，寓意节节高、步步高，更加美好。

皇帝居住的养心殿、太后生活的慈宁宫、寿康宫、寿安宫，都铺设芝麻秸秆。

吃糖果

宫中，皇帝、后妃都喜爱糖果。宫廷御膳房，制作了各种各样的果仁、鲜花、养生草药糖果和水果蜜饯，用作太后、皇帝、后妃的零食。

庆新年

109.9厘米 ×61.5厘米。图绘的是一群皇家孩童在宫苑一角堆雪人，放鞭炮，敲锣打鼓迎新年的景象。

糖果、果脯蜜饯，用各类新鲜鲜花、果蔬、草药做原料精制而成；每餐饭前饭后，太后、后妃通常吃糖果、点心。

宫廷糖果、点心，主要包括三类：

一、果仁糖果：香梨软糖、山楂软糖、腰果软糖、苹果软糖、菠萝软糖、松仁软糖、核桃仁软糖、芝麻仁软糖、冰糖核桃软糖等；

二、鲜花糖果：桃花糖、秋梨糖、玫瑰糖、菊花糖、百花软糖、火腿梨膏糖、百果梨膏糖、玫瑰梨膏糖、桂花梨膏糖、金橘梨膏糖等；

三、养生糖果：人参糖、木香糖、当归糖、党参糖、芝麻糖、粽子糖、天冬糖、山药糖、五味子糖、覆盆子糖。

内廷贺礼

清宫三大节，是元旦、冬至、万寿节。

三大节期间，在乾清宫檐下，陈设中和韶乐；乾清门内，陈设丹陛大乐。

皇帝亲临太和殿，接受文武百官的朝贺；然后，皇帝回到后宫，亲临乾清宫，接受后妃、皇子、皇孙的朝贺。

皇后亲率嫔妃，身着礼服，恭敬地等候在乾清宫东、西暖阁之中；皇子、皇孙，等候在乾清宫丹陛之下。

皇帝身穿礼服，乘坐舆轿，从外朝回到后宫；在乾清宫檐下，皇帝走出舆轿。

皇帝到达时，演奏中和韶乐：元旦，演奏《元平之章》；冬至，演奏《遂平之章》；万寿节，演奏《乾平之章》。

在美妙的音乐声中，皇帝登上乾清宫宝座，乐声停止。

御前太监上前，垂下殿门帘子。

在宫殿监首领太监引领下，皇后率领嫔妃，从东、西暖阁出来，进入乾清宫大殿：皇后居中，面北，侍立；嫔妃们按照品级，依次站在皇后左右，面向北。

乾清门内，演奏丹陛大乐《邕平之章》。

皇后率领嫔妃，向皇帝行六肃：六次万福；行三跪三拜礼。

清代皇帝服饰可分为三大类：礼服、吉服和便服。礼服有朝服、朝冠、端罩、衮服、补服；吉服有吉服冠、龙袍、龙褂；便服也叫常服，是在典制规定以外的平常服饰。其中龙袍又称龙衮，绣有九条进龙，胸前、背后各一，左右两肩各一，前后膝盖处各二，还有一条绣在衣襟里面。取《易·乾》中『九五，飞龙在天，利见大人』之意，这也是『儿五至尊』的来源。龙袍的下摆，有『水脚』斜向排列着许多弯曲的线条。水脚之上，有水浪，水浪之上，又立有山石宝物，称为『海水江涯』，寓意为『一统山河』和『万世升平』。除了龙纹外，龙袍上亦有『十二章纹』，即日、月、星辰、山、龙、华虫、黼、黻、宗彝、藻、火、粉米。代表着十二种不同的品德。清代龙袍以明黄色为主，也可用金黄、杏黄等色，并且规定，只有皇帝、皇后、太后才有资格穿这种规制的龙袍。

寿字女礼袍　清

143.5厘米 ×144.8厘米。

刺绣御用十二章吉服袍　清　乾隆年间

143.8厘米 ×161.3厘米。吉服袍因袍面多以龙为图案，也被称为龙袍。

彩绒龙袍料　清早期

139.7 厘米 ×259.1 厘米。

刺绣百蝠纹女吉服袍　清早期

137.2 厘米 ×190.5 厘米。

清朝袍服

清朝的服制除了保留本民族的缨帽、箭衣基本形式外，也从汉文化中汲取大量的元素，形成了独特冠服制度。服装的款式、质地、纹样、色彩等代表着服用者的身份和地位。据《清代宫廷服饰》记载，清代的袍服有龙袍、蟒袍、常服袍、行袍等，款式不同，形制各异。命妇有朝袍、龙袍、蟒袍、常袍等。

帝冬朝
服一
圖

帝冬朝
服一
圖

太后
后夏朝
袍一
圖

帝冬朝
服二
圖

帝夏朝
服圖

太后
皇后龍袍
三圖

行礼完毕，乐声停止。随后，皇后率领嫔妃女眷，退出乾清宫。

太监上前，重新抬起殿门帘子。

宫殿监太监，引领皇子、皇孙，沿着东、西台阶，进入乾清宫大殿；面向北，站立，向皇帝行三跪九叩礼。然后，宫殿监率领全宫首领太监，在东、西丹陛下，向皇帝行跪拜礼。

行礼完毕，皇子、皇孙退立两旁。

皇帝从宝座起身，演奏中和韶乐：元旦，演奏《和平之章》；冬至，演奏《允平之章》；万寿节，演奏《泰平之章》。

在乐声中，皇帝走下宝座。

皇帝离开乾清宫，乐声停止。皇帝离开以后，皇子、皇孙依次退下。

压岁钱

宫中的压岁钱，用彩绳穿线，纺织成龙形，除夕之夜，放在床脚，称为压岁钱。

春节时，长者赏赐小孩钱，也称为压岁钱。

拈香行礼

丑时（凌晨 2 点），皇帝起床；洗漱完毕，穿着吉服。爆竹声中，皇帝来到养心殿神牌、天地前，依次拈香、行礼。

随后，皇帝依次前往各处，拈香、行礼：

御花园，天一门、钦安殿、千秋亭、斗坛；东六宫东侧，天穹宝殿；建福宫花园，妙莲花室、凝晖堂、广生殿；乾清宫，东庑，圣人前、药王前；坤宁宫，西案、北案、灶君前、东暖阁佛像前；承乾宫、毓庆宫、乾清宫东暖阁；

养心殿正殿

位于内廷乾清宫西侧，始建于明代嘉靖年间，是古代皇帝理政和居住用的宫殿。主要由正殿、东暖阁、西暖阁、前殿东配殿、后殿、体顺堂、燕喜堂、三希堂建筑等组成。

养心殿垂帘听政处　正视图

祈年殿

天坛是明清帝王祭天祈祷的地方，是我国现存最大的古代祭祀建筑。天坛最主要的建筑是祈年殿，这里是皇帝祈祷五谷丰登的场所。三重檐的宫殿，巧妙运用柱子的排列分别寓意着四季、十二月份、十二时辰以及二十四节气。

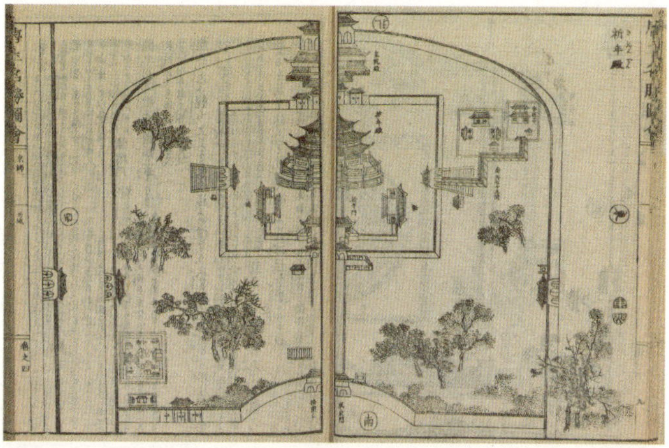

圜丘

圜丘是皇帝冬至祭天的圆形祭坛，又叫祭天坛，地处于天坛南部，始建于明代嘉靖时期。圜丘祭坛外有两层墙体，外墙为方形墙，内墙为圆形墙，象征着天圆地方。

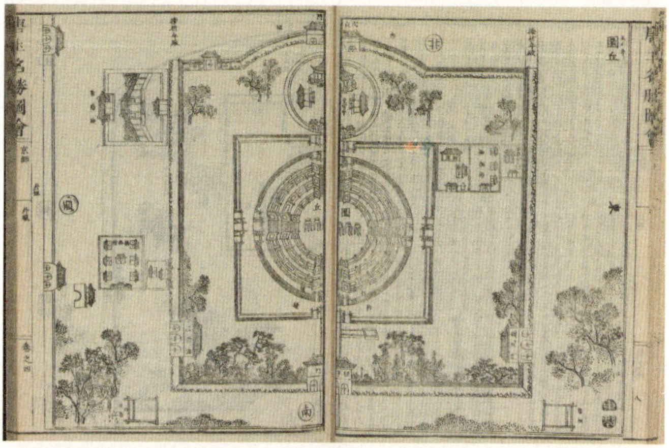

方泽坛

方泽坛又称地坛，始建于明代嘉靖年间，明清时期祭祀『皇地祇神』的场所，祭地之坛。地坛的建筑都是方形，寓意平稳、安定，与以圆形为主体的天坛形成了对比。

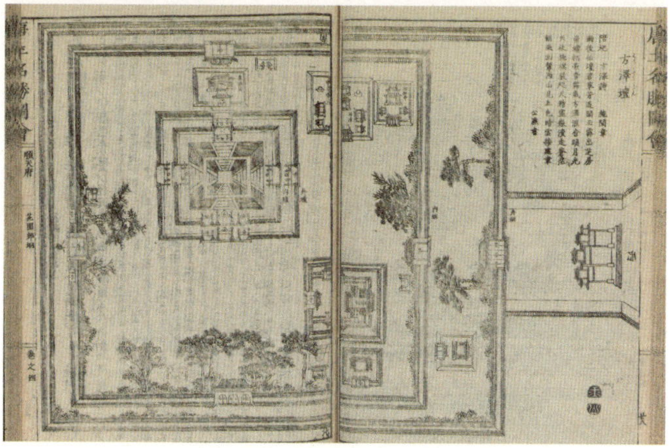

祭坛

图选自清代绘制的《唐土名胜图会》。历代帝王举行祭祀典礼的场地，祭祀大典，是封建社会时期的一种礼仪制度。

前代皇帝、皇后御容、神牌前；乐寿堂，佛像前；景山西边，大高玄殿；景山上，寿皇殿，列代帝后御影前。

皇后、嫔妃，依次前往以上各处，拈香行礼。

祭祀神灵

祭祀堂子：堂子，满族人祭祀神灵、祭祀天地的庙堂，称为堂子。元旦之日，皇帝一身礼服，亲谒堂子：寅时（凌晨4点）礼部堂官进宫，前往乾清门，恭请皇帝。皇帝乘坐礼舆，庄严出宫，前往堂子：前引大臣，十人；后扈大臣，二人；豹尾班执枪侍卫、佩刀侍卫，二十人，护卫；佩戴弓矢侍卫，二十人，扈卫圣驾；皇帝所经御道，清扫清洁，沿途警戒；皇帝出行，午门鸣钟；文武百官、外藩蒙古王公、台吉等，身穿礼服，跪送皇帝。到达堂子后，皇帝亲率群臣，在圜殿前拜天，行三跪九拜礼；然后，皇帝乘舆，回宫。文武百官、外藩蒙古王公、台吉等，跪迎。午门鸣钟，皇帝回宫。

享奉先殿：奉先殿，是皇家祭祀祖先的庙堂。元旦之日，列帝、列后神位，移至前殿祭祀。三日前，皇帝斋戒；是日，进祝版，宰牲；皇帝跪伏，司祝读祭文；皇帝三拜，回宫。

百官朝贺

每年，宫中有三个重大节日庆典，皇帝皆驾临太和殿，亲自出席，称为大朝会。

这三个节日庆典日，分别是：元旦（农历正月初一）、冬至次日、万寿节（皇帝的生日）。

元旦，是岁之首、月之首、时之首。

冬至，是一年之中，光照时间最短的一天。古人认为，这一天，是阴阳转枢之日，从第二天开始，阳气一天天渐长、阴气一天天渐消，值得大庆。

《福贵岁朝图》轴 清 佚名

画面以孩童作为主人公向我们描述了古代王公贵族过春节的状态。画中众多皇家子弟于春节到来之际，在宫苑内，有的敲锣打鼓，有的手举彩灯，有的燃放爆竹，有的登高折梅，有的湖面滑冰。不同动作和神态的孩子们都在开心地为春节的到来而做着准备，画面一片和谐，喜气洋洋，妙趣横生，隔着画面的读者仿佛都能感受到其中的趣味。

雕漆大吉葫芦瓶　清

瓶器雕满番莲花枝叶纹，瓶口蝉纹，中央饰回纹，葫芦器形上下分刻“大”“吉”二字，二字周围饰以莲瓣纹一圈。寓意美好祝愿。

冬至前，皇帝要斋戒三天。冬至日，皇帝一身祭祀礼服，前往天坛祭天。第二日，皇帝亲临太和殿，接受王公大臣的朝贺。

万寿节，是当朝皇帝的生日。皇帝生日成为节日，是从唐明皇开始的，当时，叫作千秋节。明清时，皇太后、皇后的生日，叫作千秋节。

明朝大朝会

元旦前一日，宫廷负责皇帝玉玺的尚宝司，将宝案设置在皇极殿（清代称太和殿）。

御座之东，礼仪机构鸿胪寺官员将表案设置在大殿东中门外。

礼部主客司，将放置外藩进贡礼物的案桌设置在丹陛左右。

钦天监，在文楼（皇极门广场东，清代叫体仁阁）上，设置定时鼓。

宫廷乐舞机构教坊司，将宫廷雅乐中和韶乐摆放在大殿内东西两侧；皇极门东西两侧，安放着演奏雅乐的大型乐器。

元旦之日，锦衣卫在皇极殿丹陛（殿门到台阶前的场地）、丹墀（殿前广场）东西两侧，陈设卤簿仪仗；在大殿内东西两边，安设羽扇；在皇极门前通道上，陈设车辂步辇。

禁卫军，设军队仪仗于皇极门外到午门外通道两侧；军仗旁边，陈设金鼓；御马监，陈设仗马；锦衣卫，将经过驯化的、专用于大朝会的大象带领到皇极门广场，左右相向站立。

皇极门前，日晷旁边，钦天监官员侍立，报告时辰。

第一遍鼓声响起，百官身着朝服，在午门外整齐地侍立等候；

第二遍鼓声响起，百官依次走午门左、右掖门，进入皇宫，来到皇极门前丹墀上。

大殿内，鸣鞭，卷帘。

第三遍鼓声响起，皇帝一身礼服，正式出席正殿朝会仪式。

皇帝前面，导驾官导引；尚宝司宦官，捧着皇帝玉玺，紧紧随后。

皇帝乘坐御辇，在《飞龙引》乐曲声中，徐徐地来到皇极殿。

皇帝身着衮冕，走上大殿正中宝座。

文武大臣，按照班次，依次向皇帝鞠躬。

雅乐声大作，先奏《风云会》之曲，再奏《庆皇都》之乐，三奏《喜升平》之乐。

文武百官，双手持笏，鞠躬舞蹈，跪地呼唱万岁；再俯伏于地，叩首四拜。

大朝会典礼，在噼噼啪啪的鸣鞭声中结束。

最后，宫廷乐师高奏《贺圣明》，皇帝从御座上站起，慢慢地离开。

尚宝司宦官，捧着玉玺紧紧相随。导驾官，导引皇帝一行，来到中和殿。略事休息，或者安排少许庆贺活动，皇帝回宫。

册立太子、册封皇后、恭上太后称号、遣将出征、传胪（宣布殿试结果）等重大仪式活动，皇帝都要亲临太和殿，主持朝会。

明代和清代大朝会，显著不同的是：大朝会结束前，明代群臣山呼万岁；清代，则不用高喊。

《万国来朝图》 清 佚名

绢本设色，纵 2.99 米，横 2.07 米。此画描绘的是大清藩属国以及外国使团来紫禁城向清朝皇帝进贡礼品的场面。清廷画师将万国来朝使团朝贡的场景绘于画面，场面宏大，十分热闹。画面显示，每到元旦等重要节日朝贺庆典，外来宾客会着艳丽的服装，带着琳琅满目的贡品来京朝贺。使者和臣子在指定区域等候乾隆皇帝的接见，场面热闹非凡。这幅画充分展现了清朝作为“天朝大国”接受万国朝贡的空前盛况。图中乾隆皇帝安逸地在靠椅上品茶休息，后宫的侍卫、太监各司其职，女眷、儿童嬉戏闲聊，场景好不快乐！

朝贡是指古代国家的藩属国或外国的使臣朝见此国君主，并贡上礼品。表示这个国家国力强大，周边国家都愿意臣服于它。

清高宗爱新觉罗·弘历（1711—1799），清朝第六位皇帝，定都北京之后的第四位皇帝，年号“乾隆”。在位六十年，是中国历史上执政时间最长也是最为长寿的皇帝之一。乾隆皇帝在位期间是历史上“康乾盛世”中的鼎盛时期。他注重社会的稳定繁荣发展，减免税收，关心民生，使清朝国库日渐充实；平定叛乱，稳定边疆地区，进一步完成了中国多民族国家的统一，至此使得国家领域版图达到最大。所以才会有“万国朝贡”的场景出现。

《大驾卤簿图》　北宋　佚名

中国国家博物馆藏。卤簿指的是古代皇宫仪仗队。图中表现的是皇帝前往城南青城祭祀天地时的宏大场面。据研究者统计，此图卷共绘有“官吏将士五千四百八十一人，辂、辇、舆、车三十五种五十八乘，象六只，马二千八百七十三匹，果下马二匹，牛三十六头，旗、旃、纛九十杆，乐器一千七百零一件，兵杖一千五百四十八，甲装四百九十四，仪仗四百九十七”。此图是研究北宋车舆冠服与各种仪仗文化、兵器、乐器等制度的形象资料。

大朝会之图

每到岁首皇帝会举行『大朝会』，即百官朝见天子。

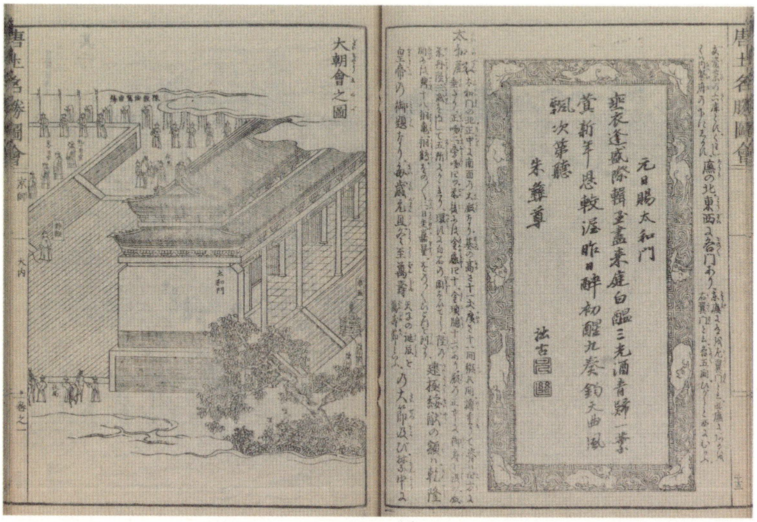

午门朝参

不难发现图中右方有大象仪仗队，它们是朝廷养在象房的象群。每到有大的朝会，便会组织大象仪仗队，使朝会的场面显得更加宏大而有气势。

朝会制度

图选自《唐土名胜图会》。记录的是清代时期的朝会。朝会，始于西周，是礼仪规格最高的朝会，自秦汉直至明清，经久不衰。明清时期举行大朝会的地点是太和殿。

在明朝，帝王建立了一套比较复杂的朝会制度，将朝会分为常朝和大朝。大朝一般是在岁首、万寿节等举行，是礼仪形式的朝会。常朝分朔望朝和日朝，朔望朝为初一、十五举行的礼仪朝会，此时“百官公服朝参，而不引见奏事”；而日朝多指皇帝日常召集臣子商议国事的朝会。其实日朝再往下分，又分为早朝和午朝。一般，早朝多为四方政务，而午朝多为军国大事之议。参加朝会是京官须尽的义务，官员必须按时参加朝会，不然会受到惩罚。

太和殿国宴

太和殿国宴，是清宫规格最高的筵席。元旦之日，隆重举行，由皇帝亲自主持。大殿内，皇帝宝座前，设皇帝御宴桌子。殿中，设前引大臣、后扈大臣、亲王、公、额驸，以及一品、二品大臣等人宴桌，共一百〇五张。

大殿前檐下，东西两侧，设理藩院尚书、侍郎等人宴桌；陈中和韶乐、中和清乐。

大殿前丹陛上，御道正中，张黄幕，内设酒器。丹陛上，设二品以上世爵、侍卫等人宴桌，四十三张；三台下，丹墀左右，设皇帝法驾卤簿；卤簿旁边东西，各设八座蓝布棚，内设三品以下文武官员宴桌；西班之末，设外国使臣宴桌。

吉时一到，王公大臣、文武百官，身穿朝服，按班排立。礼部堂官进奏皇帝，御大殿。午门上，钟鼓齐鸣。大殿阶下，三鸣鞭。王公大臣、文武百官，各在本位，向皇帝行一叩首礼。众人就座，国宴开始。

第一道：进茶。丹陛演奏《海宇升平日之章》。

第二道：进酒。丹陛演奏《玉殿云开之章》。

第三道：进馔。中和韶乐演奏《万象清宁之章》。

第四道：进庆隆舞、扬烈舞、喜起舞。

第五道：笳吹，演奏蒙古乐曲。

第六道：各族乐舞。

第七道：百戏。

第八道：丹陛大乐。

乐毕，群臣行一跪三叩首礼。

皇帝在中和韶乐声中，回宫。

国宴，用四等满席。宗室入八分公以上者，进献美食，称为馔筵。

乾隆三年（1738），元旦，二十八岁的乾隆皇帝一身礼服，在太和殿举行盛大国宴。国宴包括：馔筵二百一十席，羊一百只，酒一百瓶。

当时，亲王，十二人，各进八席，共九十六席；郡王，八人，各进五席，共四十席，各羊三只，酒三瓶；贝勒，六人，各进三席，共十八席；贝子，二

凤舆行至乾清宫，迎皇后入中宫。

《大婚典礼全图册》

《大婚典礼全图册》共分为八册，记录的是光绪帝迎娶慈禧侄女叶赫那拉氏静芬为皇后的场景，清宫廷画师庆宽等绘制。第一册《皇后出宫至邸图》，第二册《纳采礼筵席图》，第三册《大征礼图》，第四册和第五册均为《皇后妆奁图》，第六册《册立奉迎图》，第七册《皇后凤舆入宫图》，第八册《礼节图》。

皇帝大婚自然与普通百姓的结婚不同。皇帝完婚的礼仪体系更加烦琐多样，包括婚前礼（纳采、大征），婚成礼（册立、奉迎、合卺、祭神）以及婚后礼（庙见、朝见、庆贺、颁诏、筵宴）。画师们功底深厚，图册绘制得栩栩如生，将大婚的礼仪制度表现得淋漓尽致。选图为光绪皇帝成亲过程中的一些礼仪以及国宴的场景。

钦天监官于乾清门报吉时，皇上乘舆出宫。丹陛大乐奏《康平之章》，在慈宁门外，官员按品级排列。“鸿胪寺官引领跪拜，皇上与官员共行礼叩拜”。中和韶乐奏《颐平之章》。

太和殿

礼毕至太和殿。各官员按品级排序，向皇帝行礼，中和韶乐奏《瑞平之章》。在三次鸣鞭后，丹陛大乐奏《燮平之章》。

太和殿，赐宴皇后父族。銮仪卤簿队伍在太和殿前。

宴毕，鸿胪寺官引导众官跪拜谢礼。

入宴大臣
入宴大臣

人，各进二席，共四席，各羊二只，酒二瓶；入八分公，十五人，各进一席，各羊一只，酒一瓶；共计进馔席一百七十三席，羊九十一只，酒九十一瓶；光禄寺，备馔三十七席，酒九瓶；两翼税务，各备羊九只。

后宫庆贺

皇帝在太和殿大礼之后，回到后宫。

皇帝亲率王公大臣、文武大臣，前往慈宁宫，向皇太后行庆贺新年礼。

皇帝到乾清宫，皇后亲率嫔妃，向皇帝行庆贺新年礼。乾清宫檐下，设中和韶乐。乾清门内，设丹陛大乐。宫殿监督首领，奏请皇后，率领皇贵妃、贵妃、妃嫔等，身穿礼服，集中在乾清宫东西暖阁。皇帝亲临乾清宫，在宝座就座。宫门垂帘，宫殿监督首领引皇后亲率嫔妃，依次在皇帝座前就拜，行六福、三跪三叩首礼。礼毕，皇后一行退出。皇帝升帘，宫殿监督首领引众皇子来到殿外丹陛上，向皇帝行三跪九叩首礼。

宫廷演戏

宫廷之中，升平署专门承担演唱戏曲，称为节令承应戏。

元旦、除夕，是宫廷之中最为盛大的节日活动，升平署都有相应的承应戏曲节目，各种剧本，内容繁多，种类齐全。

乾隆年间，宫廷戏剧活动丰富多彩，达到极盛。

当时，宫廷戏曲剧本，大多数由允禄、张照所写。内容方面，通常为吉祥平安、多福多寿、感天孝行等，按照节令进行编排，多达二十余种。

元旦之时，演出节目包括：《岁发四时》《喜朝五位》等。

清代老生扮相

清代小生扮相

清代小生扮相

清代老旦扮相

清代武丑扮相

清代花旦扮相

康熙过大年

腊月二十九日，午时（中午 12 点），康熙皇帝亲临保和殿，举行国宴，赏赐元旦来朝之外藩诸王、贝勒、贝子、公等，以及内大臣、满汉大学士、上三旗都统、副都统、各部尚书、侍郎、学士、侍卫等与宴。

康熙皇帝亲自进酒，宴席演奏蒙古乐。

康熙皇帝亲召蒙古王等外藩诸王、贝勒、贝子、公等，来到御前，亲自赏赐美酒；接着，召内大臣、大学士、都统、尚书，以及外藩台吉等，来到御前，亲自赏赐美酒。

宴会之后，与宴众人，跪拜谢恩，康熙皇帝回宫。

正月初一，元旦。

丑时（凌晨 2 点），康熙皇帝起床，洗漱之后，身穿吉服。

寅时（凌晨 4 点），康熙皇帝亲率诸王、贝勒、贝子、公等，以及内大臣、大学士、都统、尚书、侍卫等，前往堂子，拈香行礼。

辰时（早上 8 点），康熙皇帝亲率外藩诸王、贝勒、贝子、公等，以及内大臣、大学士、都统、尚书、侍卫等，亲谒太皇太后宫，拜年行礼；接着，前往皇太后宫，拜年行礼。

然后，康熙皇帝前往中和殿，内大臣、侍卫、执事等内官，行礼拜贺，庆祝元旦；康熙皇帝临御太和殿，接受外藩诸王、贝勒、贝子、公等，以及内大臣、大学士、都统、尚书、侍卫等文武百官朝贺，以及元旦来朝之外藩诸王、贝勒、贝子、公、台吉等，拜年行礼；接受朝鲜等国使臣来朝，上庆祝元旦贺表。

巳时（上午 10 点），康熙皇帝临御保和殿，赏赐外藩诸王、贝勒、贝子、公等，以及内大臣、大学士、都统、尚书、侍卫等国宴。

午时（中午 12 点），康熙皇帝临御太和殿，设立国宴，赏赐诸王、贝勒、贝子、公等，以及内大臣、大学士、都统、尚书、侍卫，外藩诸王、贝勒、贝子、公，朝鲜等国使臣与宴，皇帝亲自进酒。

《康熙帝读书像》轴　清

现藏于北京故宫博物院。
清圣祖康熙皇帝，本名爱新觉罗·玄烨（1654—1722），清世祖顺治皇帝之子。康熙皇帝自八岁即位，共统治清朝六十余年。康熙皇帝是一个聪颖且十分努力的皇帝，每日苦读学习数个时辰。在他十六岁时以过人的胆识和勇气设计铲除了专横跋扈的大臣鳌拜，将皇权紧紧地掌控在自己手中。统治期间收复了台湾，驱逐了边境的沙俄势力，平定准噶尔动乱，实现了朝局的稳定。经济上奖励垦荒，减轻农民赋税，实施"滋生人丁，永不加赋"的鼓励性政策。因酷爱学习，他也是中国古代唯一一个上知天文，下晓地理的皇帝。1722 年病逝，葬于河北遵化清东陵之景陵。

康熙皇帝召和硕康亲王杰书、安亲王岳乐、裕亲王福全、庄亲王博果铎、简亲王喇布、察哈尔和硕亲王布尔尼等亲王、贝勒、贝子，以及朝廷大臣、文武百官等，来到御前，亲自赐酒，君臣尽欢。

申时（下午 4 点），康熙皇帝来到太后宫中，问安。

乾隆过大年

乾隆六年（1741），正月十三日至二十八日，乾隆皇帝恭奉皇太后，来到圆明园同乐园，设元宵御膳，赏戏，逛苏州街，宫中称为庆丰图。

正月十四日，乾隆皇帝亲临奉三无私殿，设宴招待宗室王公大臣，称为宗亲宴。

正月十五日，乾隆皇帝亲临正大光明殿，设立国宴，招待外藩诸王、贝勒、贝子、公等，以及内大臣、大学士、都统、尚书、侍卫等，称为外藩宴。

正月十六日，乾隆皇帝亲临正大光明殿，设立国宴，招待内大臣、大学士、尚书、侍郎等，称为廷臣宴。

乾隆七年（1742），正月十三日至十九日，每晚，在圆明园山高水长殿前，施放烟火；放花炮，燃盒子，舞蹈灯笼，摔跤；连续七日，灯火通明，称为七宵灯宴。皇太后、皇后、嫔妃等皇家内眷，坐在高楼上，观赏烟火；皇帝亲率王公大臣、外藩王公、外国使臣等，在楼前观赏。

正月十九日，为长春真人丘处机生日，称为燕九日。京城白云观，车水马龙。宫中同乐园，灯火辉煌，烟火如昼。乾隆皇帝每天陪同太后，赏灯，观火，听戏，进膳。

《弘历圆形古装行乐图像》

乾隆皇帝青年时代画像。现藏于纽约大都会艺术博物馆。

素馅饺子

皇帝在养心殿东暖阁明窗，举行明窗开笔仪式之后，大约是正月初一凌晨三点。这时，皇帝前往乾清宫，吃新年第一顿饺子。

清宫中，称水饺为饽饽。

新年元旦，皇帝吃的第一顿水饺，是素馅饺子，以干菜为主，加上蘑菇、笋丝等。

皇帝过年，为什么要吃素馅饺子？

清帝信佛，元旦宫中礼佛所用饺子和皇帝吃的饺子是一锅煮出来的素馅饺子。

太和殿群臣团拜

大年初一，元旦朝贺，在紫禁城太和殿隆重举行。

清晨，王公大臣、文武百官齐集在午门外。六点左右，在礼部官员引导下，大臣们进入皇宫，在太和殿外广场上，按照品级，东西各站十八排。

皇帝在中和韶乐声中进入大殿，在太和殿宝座就座。皇帝宣读新年贺词。王公大臣、文武百官向皇帝行三跪九叩首礼；外国使臣，如例行三跪九叩首礼。

叩拜结束，皇帝赐茶。群臣饮茶之后，再次叩拜。然后，依次退下，朝贺礼结束。

朝贺仪式之后，皇帝在太和殿举行大型宴会，和王公大臣、文武百官共贺新春，称为太和殿国宴。太和殿国宴，摆设二百一十张群臣宴会桌；宴会上，用羊 百只，酒一百瓶。

此是頭品文官仙鶴補服

此是二品文官錦雞補服

此是三品文官孔雀補服

此是四品文官雲雁補服

此是五品文官白鷳補服

此是六品文官鷺鷥補服

此是七品文官鴛鴦補服

此是八品文官鵪鶉補服

此是九品文官練雀補服

此是頭品武官麒麟補服

此是二品武官獅子補服

此是三品武官豹補服

官员朝服图　清

官员朝服，指的是官员上朝参加朝会时穿的服装，这是每个官员的标配。每个品级的官员，朝服和帽饰都是有区别的，明朝的官服通过颜色和不同的补子纹饰来区分品级。补子指的是缀在衣服的前胸后背的一块布织。朝臣除了穿朝服、戴官帽外还会佩戴朝珠。文武百官的品服有朝冠、吉服冠、朝服、补服、蟒袍等。蟒袍，一品至三品绣五爪九蟒，四品至六品绣四爪八蟒，七品至九品绣四爪五蟒；自亲王以下皆有补服，其色石青，前后缀有补子，文禽武兽。贝子以上王亲用圆形补子，其余用方补。文官五品、武官四品以上，及科道、侍卫等职，均需悬挂朝珠，朝珠共一百〇八颗，旁附小珠三串（一边一串，一边二串），名为“记念”。清朝补子上的图案标明官员的类别和等级，禽鸟图案是文官，猛兽图案是武官。具体为：文官一品的补服图案为“白鹤”，二品为“锦鸡”，三品为“孔雀”，四品为“大雁”，五品为“白鹇”，六品为“鹭鸶”，七品县官为“鸳鸯”，八品县丞为“鹌鹑”，九品县主簿为“练雀”，武官一品补服图案为“麒麟”，二品为“狮”，三品为“豹”，四品为“虎”，五品为“熊”，六品为“彪”，七品为“海马”，八品为“海牛”。此外，监察官员如御史、按察使等，不分级别，一律用“獬豸”（即传说中的能主持公道的一种独角兽）。

参加太和殿国宴，王公大臣身穿朝服。吉祥时刻，皇帝就座，王公大臣恭敬叩拜。然后，是进茶、进酒、进餐。皇帝和群臣，一边吃喝，一边欣赏歌舞。最后，群臣行一跪三叩首礼，皇帝离座，起身回宫。群臣依次退出。

鞭炮声中吃台湾西瓜

春节期间，宫里皇帝、后妃会吃西瓜。宫中西瓜，来自台湾。

台湾西瓜，进贡清宫，始于康熙时期。每年腊月，台湾进贡西瓜。康熙、雍正、乾隆皇帝，都曾享用过台湾西瓜。

康熙时期，收复台湾以后，皇帝特地赏赐西瓜籽，在台湾种植，获得巨大成功。

每年，春节前后，进贡台湾西瓜的福建官员，带回第二年的西瓜籽，以备夏季播种。

据档案记载，这些西瓜籽都来自山西榆次。

西瓜籽送到福建以后，闽浙总督和福建巡抚要派专人前往台湾种植：八月种植，十二月收获；收获以后，精心挑选最好的西瓜送入皇宫：每次进贡台湾西瓜，大约五十个。

西瓜，原产于非洲的沙漠。大约在公元十世纪，传入中国。

元代时，诗人赵善庆《西洋瓜》诗中，称：

竟传异种远难详，且剖寒浆自在尝。
因产西方皆白色，为来中土尽黄瓤。

《胡峤陷虏记》记载：“峤征回纥，得此种归，名曰西瓜。”

胡峤西征回纥，带回西瓜籽。西瓜，因从西方得来而得名。

传入中原后，西瓜遍地开花：“碧蔓凌霜卧软沙，年来处处食西瓜。”

台湾，属于热带气候，土壤肥沃，气候适宜，腊月寒冬，依然可以收获西瓜。

台湾，由福建管辖，福建地方官员利用得天独厚的条件，在春节期间，将美味西瓜送到寒风凛冽的北京皇宫，让皇帝和后妃冬天吃西瓜，皇帝自然喜出望外。

据档案记载，康熙、雍正、乾隆时期，每年春节，台湾西瓜都会进献皇宫。

康熙五十二年（1713）正月十六日，闽浙总督范时崇上奏称：

“每岁进御西瓜，皆从台湾采买。”

福建地方官员，每年春节前，都从台湾采买西瓜，进献皇宫。

这道奏折，是目前发现最早的有关台湾西瓜进献皇宫的档案。

从康熙五十二年开始，福建官员就精选、调拨西瓜籽种，到台湾播种；十二月成熟之后，再挑选最好的西瓜进献皇宫。

雍正元年正月初三，闽浙总督满保上奏，报告进呈台湾西瓜一事。

雍正皇帝龙颜大悦，御笔批示：“赐籽西瓜，来年进八十个足矣。泉州、台湾西瓜免进，不需要。”

同一天，雍正皇帝在福建巡抚黄国材进呈台湾西瓜奏折上，御笔批示：“其泉州本地之种所种，皆不必进。”

雍正皇帝特别嘱咐，拿出一些皇宫中的瓜种，叫黄国材的家人长庆带回，送到台湾种植，来年收获后，进呈皇宫。

很显然，从雍正时期开始，进献皇宫的台湾西瓜，已要求用皇宫所发的西瓜籽种植。

进献皇宫的台湾西瓜，一直由福建巡抚、闽浙总督亲自操办。

康熙五十二年正月，闽浙总督范时崇说，每年进呈的西瓜，从台湾运到省城，都由总督亲自负责：“细加拣择，方敢赍进。”

雍正元年三月，福建巡抚黄国材收到御赐西瓜籽种，派遣专人到台湾播种。十二月，西瓜收成后，再由专船运到省城福州，“亲加挑选”，派专人护送进京。

雍正二年正月，闽浙总督满保上奏称：去年正月，收到皇宫所发的籽种后，“遂派人赍捧所赏西瓜籽，赴台湾下播”。八月下种，十二月成熟。满保亲自将送来的所有西瓜，“优中选优”，送往京城皇宫。

总督、巡抚，亲自查看验收，再派遣专人，快马加鞭，赶在春节之时，将台湾西瓜进献皇宫。

数量多少

雍正元年正月，闽浙总督满保上疏，进献皇宫台湾西瓜：

皇宫所发西瓜籽种所种西瓜，一百个；台湾土产西瓜，四十个；泉州土产西瓜，二十个。

从雍正二年开始，进献皇宫所发西瓜籽种所种西瓜，八十个，用于宫中吃用。

雍正元年三月，福建巡抚黄国材派家人进京，呈上奏折。

雍正皇帝亲赐皇宫西瓜籽种，特别手书一道圣谕给黄国材，明确指示，来年进献台湾西瓜，五十个。

雍正六年（1728）正月，福建总督高其倬上书，奏请援照旧例，颁给台湾西瓜籽种。

雍正皇帝降旨，明确指示，台湾西瓜，“专为贡献之用，汝等各处，通共三四十足矣”。

从雍正六年开始，每年进献皇宫的台湾西瓜，由惯例八十个，减少到四十个。

冬天寒冷，宫中消耗不了大量西瓜，数量渐渐减少。

据档案中记载，雍正九年（1731）十一月十八日，福建巡抚赵国麟上疏，进献台湾西瓜十二个。

雍正十一年（1733）十二月十五日，福建水师提督陈勇上疏，进献台湾西瓜十二个。

如何运输

台湾西瓜，每年八月布种，十二月成熟。春节时期，台湾西瓜运到皇宫。

教读臼舂

乘屋

瞭望支柝

猱採

捕鹿

捕野牛

刈禾

收贮

《台湾番社风俗》

画册共有十二幅，记录了十八世纪台湾人日常生活的绘画作品。包括台湾人民的穿着打扮、读书学习、打猎农作、建屋造舍等对生沽白恣的描述。这本画册记录了一白多年前台湾岛上的风土人情。 画作虽然有些粗糙，但是描绘了当地人稼穑、狩猎等生活情状，是研究台湾历史的重要资料。

《钦定平定台湾凯旋图》　清　康熙时期

横 124 厘米，纵 70 厘米。这幅画的创作背景是康熙皇帝派兵收复台湾。这幅画中虽然礁石耸立，海水波涛汹涌，但是战船上刚刚打完胜仗的清朝将士们依旧士气不减，慷慨激昂。清康熙二十二年（1683）六月，施琅出兵台湾，消灭郑氏政权，成功收复台湾。康熙二十三年（1684），设台湾府等，使台湾得以统一纳于清朝版图之内。

康熙五十二年正月，闽浙总督范时崇上疏，明确地说："今春天时和暖，瓜之皮质，不能如往年之坚实……长途运送，恐不能足往年所进之额。"

这是说，天气暖和，西瓜在运送途中，可能会坏掉。

康熙五十三年（1714）十一月，总督范时崇差派把总沈国臣，前往台湾，办运西瓜事宜。不料，往返台湾途中，均赶上了台风。直到康熙五十四年（1715）正月二十三日，这批台湾西瓜，才运回到福州。

时间紧迫，日夜兼程，台湾西瓜一路北上，运往皇宫。

乾隆二十六年（1761）十一月二十八日，总督闽浙杨廷璋上书，派遣郑良贵、王文玺带两名随从，赶赴北京，进献台湾西瓜、燕窝等物。

腊月二十二日，他们到达丹徒县，雇用船户魏玉升的民船渡江。船行至江中时，突然狂风大作，船被风浪打翻，船上连人带货，全部落水。

王文玺和两个水手扶着船板漂流，遇船获救。郑良贵和船户魏玉升非常不幸，溺水身亡。船上西瓜等物，全部漂失。

总督杨廷璋欲哭无泪，万般无奈之下，只得专折奏报，"一时购办无及，缺误之咎，不胜悚仄"。这是无法预料的天灾，谁也没有想到，谁也不能怪罪。总督自责，耽误了进献台湾西瓜。乾隆皇帝当然理解，没有怪罪，御笔批示："此何必！"

台湾西瓜味道甜美，清新可口。

雍正皇帝吃罢西瓜，称赞说："今年西瓜种着了，甚好。"

春节期间，能够吃上西瓜，口福非常。

乾隆元年（1736）二月二十二日，刚刚二十五岁的乾隆皇帝心情愉快，特地赏赐给直隶总督李卫一个台湾西瓜。直隶总督驻地在保定府，李卫闻讯，喜出望外，立即率领僚属，"出郭跪迎，至署虔设香案，望阙叩头谢恩"。李卫抱着西瓜，吃得十分香甜，感觉好极了。

皇帝年后“大搬家”

北京西郊，清廷建造了一个规模宏伟的皇家园林圆明三园，人称“万园之园”。

历经雍正、乾隆、嘉庆、道光、咸丰五位皇帝长达一百五十余年的经营，成为皇帝、后妃们春节以后长年居住、生活的地方。

春节期间，皇帝在紫禁城过年。正月十五元宵节前后，皇帝恭奉太后，前往圆明园；太后、后妃、皇子、公主等皇室家属，一起搬进园子；入冬以后，再从圆明园搬回皇宫。

明窗开笔

中国自汉朝开始，正月初一，称为元旦，作为一岁之始。

雍正以后，大清皇宫，每年除夕子正时分，皇帝要做的第一件事，是沐浴，穿新衣，来到养心殿东暖阁明窗，举行元旦开笔仪式，称为明窗开笔。

明窗开笔，是皇帝在正月初一第一时辰，亲自书写吉祥话，字数不多，行文两三行，内容是祈求五谷丰登、国泰民安、江山永固等。

清朝皇帝举行元旦开笔，是从雍正皇帝开始的。以后历朝皇帝，相沿成习。

乾隆元年（1736），元旦明窗开笔，三行：中间一行，用朱砂红笔书写：“元年元旦，海宇同禧。和气致祥，丰年为瑞”；左右两边，是墨笔书写：右边一行，是“愿共天下臣民永享升平”；左边一行，是“所愿必遂，所求必成，吉祥如意”。

《圆明园四十景图》　清　乾隆年间　宫廷画师唐岱、沈源等

此图历时十一年，共四十幅，皆为圆明园内景，乾隆皇帝曾为每一幅画都题诗一首。圆明园四十景，每一景致都可“独自成园”，每一处都别具一格。此册的原版在 1860 年圆明园劫难时被侵略者抢走，现收藏于法国国家图书馆。

正大光明

勤政亲贤

九洲清晏

镂月开云

天然图画

碧桐书院

慈云普护

上下天光

杏花春馆

坦坦荡荡

茹古涵今

长春仙馆

万方安和

武陵春色

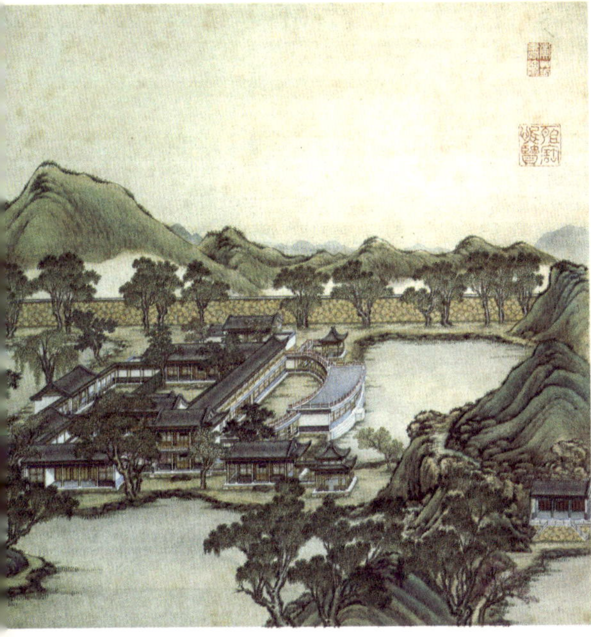

汇芳书院

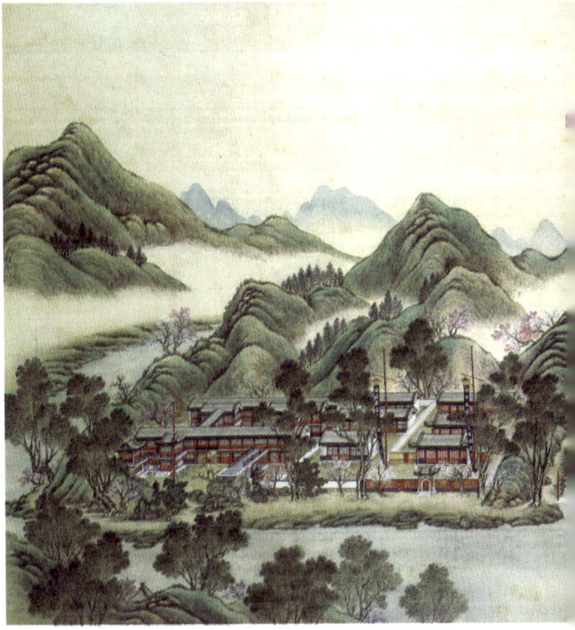

日天琳宇

月地云居

鸿慈永祜

澹泊宁静

映水兰香

水木明瑟

濂溪乐处

多稼如云

鱼跃鸢飞

雍正开笔之仪

清代皇帝，新年元旦，隆重开笔，批办公文，书写诗词名句，如此斯文的开笔典礼，始于以严厉著称的雍正皇帝。

开笔典礼，仪式如下：每年，元旦子刻（子夜 12 点），皇帝至养心殿东室明窗之西。是时，室内案头，陈设三件宝物：金瓯永固杯一，内装屠苏酒；玉烛一，手引发光；朱漆雕云龙盘一，其中，盛古铜吉祥炉八，古铜香盘二。

皇帝沐浴熏香，手握毛笔，轻熏于炉上。然后，梁墨，开始挥笔。御用毛笔，笔端镌有“万年青”三字，笔管称为“万年枝”，此笔，是康熙皇帝御用之物，称为“万年青笔”。皇帝先用朱笔、次用墨笔，各书吉语数字，以祈一岁之政和民安，诸事通达。

接着，近侍进呈本年《时宪书》，皇帝浏览一遍，以寓授时省岁、重视农时之意。诸物按序用毕之后，皇帝小心翼翼，亲自料理。然后，交给专人收藏、保管。

清雍正皇帝以后，历朝皇帝，沿袭此典，成为清廷定制。

乾隆明窗开笔

乾隆皇帝生活在养心殿，长达六十四年。乾隆皇帝以风雅之君自居，他将自己的居室，营造得风雅、舒适，充满文人气息。乾隆皇帝对殿中每一个房间，十分熟悉，倾注心血，主要房间，题写匾额，分别命名，赋予它们不同的功能。

养心殿前殿，东端一间房屋，与西边三希堂对称，是乾隆皇帝较为喜爱的地方，乾隆皇帝称为“明窗”。这个房间，在清代十分有名：一是皇帝明窗开笔之地；二是清末垂帘听政之东暖阁东南窗下。

养心殿东暖阁东南之室，阳光普照，温暖明亮。乾隆皇帝喜爱此室，特地

清　乾隆时代景泰蓝珐琅烛台

高24.8厘米，宽12.1厘米。景泰蓝又名掐丝珐琅，是珐琅器的一种，中国传统工艺。先在金、铜胎用金或铜丝掐出造型，所以用各色釉填充，然后入窑烧制、打磨等工序制作而成。因在明代景泰年间得到了空前的发展，又因为器具多用蓝色釉料，所以又称为景泰蓝。此款珐琅烛台为一对，仙鹤造型烛台，取材新颖，造型独特，烧料上乘，掐丝精细，是一件精品宫廷烛台。

金瓯永固杯

通高12.5厘米，口径8厘米，足高5厘米。此杯，为清朝皇帝每年举行『元旦开笔』仪式时的专用酒杯，清代皇帝世袭之酒器。圆鼎式金杯，杯口边缘一圈回纹，并刻有篆书『金瓯永固』字样和『乾隆年制』四字。杯身镶嵌珠宝玉石。刻宝相花纹饰。杯两耳为龙形，龙头各顶一颗珍珠；杯底三足鼎立，足为象首形，皆为象首式，以鼻撑地，象头顶及眼周各饰以珍珠及宝石。『金瓯永固』寓意大清皇权巩固，长治久安。

三希堂

三希堂，清乾隆皇帝的读书房。位于故宫中养心殿的西暖阁。原名温室，后改为三希堂。“三希”为“士希贤，贤希圣，圣希天”，乾隆皇帝勤奋自勉，期望可以成为贤明、圣明的天子。在此书房内，乾隆皇帝收藏了大量古代珍稀书法字画。例如，晋朝书法大家王羲之的《快雪时晴帖》、王献之的《中秋帖》和王珣的《伯远帖》。三希堂的东墙上，悬挂着乾隆皇帝御书三字匾“三希堂”。匾两侧悬挂的是乾隆皇帝集结来的对联：“怀抱观古今，深心托豪素。”“怀抱观古今”，出自谢灵运《斋中读书诗》；“深心托豪素”，出自颜延之《五君咏·向常侍》。乾隆皇帝亦撰有《三希堂记》。

题写匾额：“明窗”。明窗，取意：阳光充足。御笔匾额两旁，是乾隆皇帝书写的御笔联语：“暇当绨几身聊憩，景入纱窗意与存。”

乾隆皇帝明窗开笔，十分郑重。元旦子时，乾隆皇帝沐浴熏香，身穿便服，步履轻盈地来到养心殿东南的明窗。紫檀御案上，依序摆放着开笔用品，主要有开笔八宝：金瓯永固杯，玉烛长调蜡烛台、蜡烛，“天子万年”竹管翠毫笔、檀香木彩画福寿紫毫笔，洒金朱笺，雕漆云龙盘，吉祥炉。

金瓯永固杯，是宫廷酒器：金质，三象足，夔龙双耳；通体精雕宝相花、西番莲纹；杯面，镶嵌红宝石、蓝宝石、珍珠、碧玺等珍宝。明窗开笔之时，金瓯永固杯内，注入屠苏酒。

屠苏酒，是中国古代元旦（春节）之时饮用的酒品，因此，又称为岁酒。屠苏，是古时的一种特殊房屋，用于酿造酒。因为，在这种房屋里酿造的酒十分特别，所以，称为屠苏酒。据说，屠苏酒是东汉末年著名的神医华佗潜心研究、创制而成的。历代名医，张仲景、孙思邈、李时珍等，都推崇饮用屠苏酒。

华佗是安徽亳州人，一生钻研医术，不求仕途，无意做官，行医足迹遍及安徽、江苏、山东各地，医术全面，精通外科，人称“外科圣手”。华佗、董奉、张仲景，人称“建安三神医”。屠苏酒，主要是将大黄、白术、桂枝、防风、花椒、乌头、附子等中药，投入酒中，浸泡而成。久服，能轻身延年、滋补保健、防病疗疾、驱邪避疫。

元日，是新旧交替的重要日子。中国古代风俗，元日饮屠苏酒，可以避邪，避瘟疫。

《保生秘要》称：“清晨，饮屠苏酒、马齿苋，以祛一年不正之气。”

《荆楚岁时记》称：“岁饮屠苏，先幼后长，为幼者贺岁、长者祝寿。”为什么幼年先饮？原来，元旦来到，“少年得岁，故贺之。老年失岁，故罚之”！

唐诗人顾况称：还丹寂寞羞明镜，手把屠苏让少年。

宋文学家苏辙称：年年最后饮屠苏，不觉年来七十余。

宋王安石称：

爆竹声中一岁除，春风送暖入屠苏。

千门万户曈曈日，总把新桃换旧符。

乾隆皇帝来到紫檀御案前，轻饮一口屠苏酒。接着，他手燃玉烛长调蜡烛台上之红蜡烛。然后，从白玉笔搁上，轻轻地拿起“天子万年”竹管翠毫笔，在雕漆云龙盘中的吉祥炉上，轻熏数下。屏住呼吸，提笔在洒金朱笺，书写“福”“寿”字。接着，拿起檀香木彩画福寿紫毫笔，在洒金朱笺上，书写吉语：

三百六旬中一日，富贵贫贱皆新春！

元旦之日，乾隆皇帝坐在明窗前，照例恭敬地抄写《心经》一册。

清吴振棫《养吉斋丛录》卷十四记载：

阐福寺，建于乾隆十一年。自十七年后季冬之朔，高宗开笔书福，必先诣寺拈香。还御重华宫之漱芳斋书福，岁为恒典。仁宗、宣宗以后，皆踵行之。又，开笔书第一福字，所用笔管，端镌正书四字，曰：赐福苍生。相传，为圣祖御用，留贻盖已百数十年。管髹漆，色黝，字填金。

嘉庆元旦开笔

乾隆六十年（1795），《元旦》诗：

心愿符初六旬岁，天恩赐百二十春。
敢余皇祖多余数，诚幸朝家福禄频。

元旦之日，乾隆皇帝写《元旦试笔用丙午韵》：

御笔按语：回忆登基乙卯岁，戌之月值亥之辰（是年九月初三，御殿即位，其日己亥）。

熙雍历历胥过载，耄耋忽忽竟逮身。
企圣效王虽励志，日孜月矻祗慭神。
钦承天眷诚独厚，幸得乾隆纪六旬。
覆载无私照莫停，奉三屋漏即明廷。
风霆雨露何非教，朔始望初凛示形。
帝命不违钦愿谡，心传将近慎聪听。
更乎群仰中天丽，喜爆声喧岁旦宁。

清嘉庆元年正月元旦子时（1796年2月9日凌晨0时），京城新年钟鼓声、爆竹声此起彼伏。养心殿中，乾隆皇帝一身便装，梳洗已毕。乾隆皇帝八十六岁了，依然思维敏捷。御桌上，前日御笔《除夕》诗，墨迹淋漓：

此日乾隆夕，明朝嘉庆年。
古今难得者，天地锡恩然。
父母敢言谢，心神增益虔。
近成老人说，六十幸能全。

乾隆皇帝心情复杂，有几分激动，有几分得意。

他思虑很久了，设计了一个嘉庆新春，一定不同凡响：

几个时辰后，他将前往太和殿，举行一场庄重的禅位大典，在文武百官的瞩目之下，宣布禅位，将皇帝宝座让给自己的儿子，年号改元嘉庆；自己，摇身一变，成为太上皇。

不过，乾隆皇帝知道，他精心设计的禅位大典，让一切没有改变，改变的只是称呼而已，乾隆皇帝起居有常，总是在寅时（早晨4时）起床。

嘉庆元年元旦例外，他在子时之前就起床了。

这一天子时，是岁之首，月之首，时之首，更是一个新朝之始。

乾隆皇帝即将成为太上皇，作为一国之最高统治者，他要主持一系列仪式。

《清仁宗嘉庆皇帝朝服像》

清嘉庆皇帝，爱新觉罗·颙琰（1760—1820），清高宗乾隆皇帝第十五子，母贵妃魏佳氏。乾隆三十八年（1773）被密建为皇储。乾隆五十四年（1789）封为嘉亲王。1796年乾隆皇帝退位，颙琰即位，年号嘉庆。嘉庆四年（1799），乾隆皇帝死后正式亲政，整理朝纲。1820年病逝于承德避暑山庄，谥号受天兴运敷化绥猷崇文经武孝恭勤俭端敏英哲睿皇帝，葬河北易县清西陵之昌陵。

寿山石螭纽『嘉庆御笔之宝』印
该印宝用于嘉庆皇帝题写的书法之上。

第一个重要的新年仪式，就是元旦“明窗开笔”。

交泰殿的滴漏无声无息，时光已经进入了嘉庆纪元。但是，乾隆皇帝伫立在养心殿明窗前，准备开始开笔典礼。禅位仪式没有举行，乾隆依然是皇帝，他的儿子颙琰依然是皇太子。

近侍恭恭敬敬，做好了一切“开笔”准备。御案上，依旧摆放着金瓯永固杯，金杯之中，注满了屠苏酒。

乾隆皇帝注视着金杯，拿起来，轻轻地饮了一口，味道醇厚，依然如故。开笔之前，乾隆皇帝照例微闭双眼，默祷上苍，将心愿归纳成句，准备吉词，写在纸上。

乾隆皇帝拿起“万年青笔”，饱蘸朱墨，毫不犹豫地在洒金红朱笺上，挥笔写下：“乾隆六十一年，元旦良辰，宜入新年，万事如意。”

乾隆皇帝放下朱笔，仔细审视刚刚落下的墨迹，较为满意。

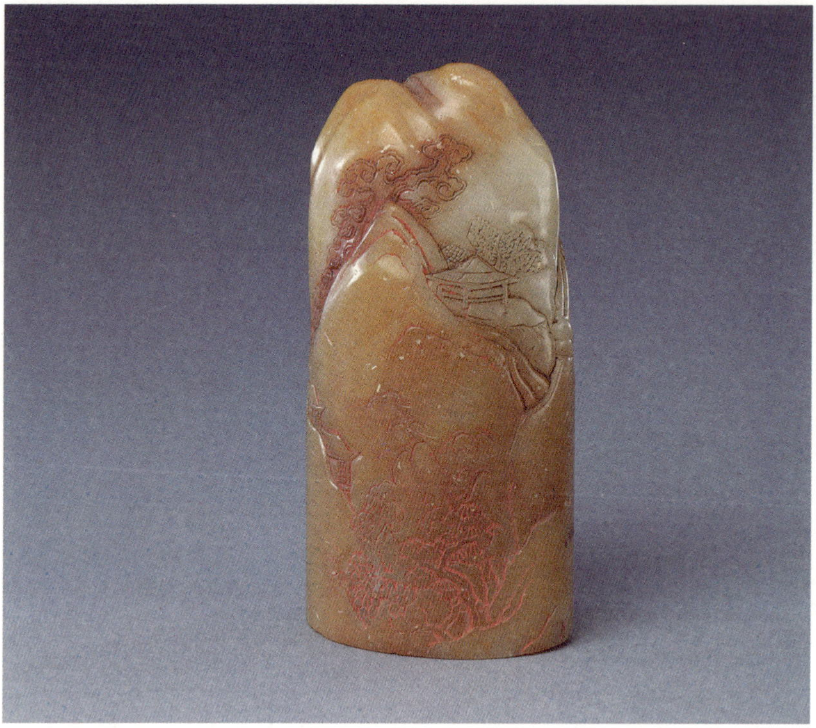

寿山石『嘉庆御览之宝』印

该印宝用于嘉庆皇帝御览鉴赏过的书画作品之上。

御笔题画诗墨　清　乾隆时期

此套墨一共九块，形状各异，端置于墨盒之中。墨盒以黑漆地，正中书：『御笔题画诗墨』六字。这套墨的制作，是从乾隆皇帝题过诗的画中选出的九幅，再根据画卷的尺寸比例，缩制成九块墨。一面摹刻御诗御章，一面摹刻画作。墨身雕刻细腻，制作精良，为墨中佳品。清宫旧藏，现藏于北京故宫博物院。

白潢恭进天子万年笔

笔管长 18.8 厘米。用紫色兔毛制成的毛笔且根部饰以红黄蓝色毫。笔管为竹胎，笔身阴刻楷书『天子万年』四字，并以金填之，其下方小刻填蓝楷书『臣白潢恭进』五字。题识表明了此笔是臣子献给皇帝万寿节的礼品。清宫旧藏，现藏于北京故宫博物院。

接着，他取支漆管描金万寿字笔，轻蘸黑墨，在朱字右边，书写：“三阳启泰，万象更新。”

在朱字左边，乾隆皇帝御笔书写：“和气致祥，丰年为瑞。”

乾隆皇帝笔走龙蛇，一气呵成，写得畅快淋漓。这些吉语，他写了很久，已经烂熟于胸。

近侍呈上钦天监新进的《时宪书》，乾隆皇帝特地审阅了封面，明黄的颜色，十分醒目，飘着墨香。

最让乾隆皇帝满意的是，《时宪书》上，清晰地标着年号：“乾隆六十一年”。

乾隆皇帝抚摸着新书，浏览一遍，感到非常满意。

这套仪式，是象征性的，表明皇帝为天下苍生授时省岁。

特别有趣的是，皇宫之中，有两套《时宪书》。

嘉庆元年禅位大典之后，新皇帝即位，乾隆皇帝就是太上皇。

新帝登基之后，就要向全国颁布新的《时宪书》。

嘉庆元年，新颁《时宪书》，颁行全国，年号当然署为“嘉庆元年”。

皇宫之中，太上皇所到之处，则使用特别印制的《时宪书》，书上署名：“乾隆六十一年。”

乾隆六十年（1795）九月，乾隆皇帝宣布：皇十五子颙琰，册立为皇太子；明年，为嘉庆元年。

当时，皇太子颙琰感激涕零，亲率王公大臣等人跪进，恳请乾隆皇帝：《时宪书》，仍用乾隆年号。

乾隆皇帝十分受用，盛情难却，当即允其所请，宣布：每年，印制乾隆纪年《时宪书》一百部，供宫中使用，以及颁赐皇亲国戚、宫廷近臣和御前大臣。

审阅《时宪书》后，乾隆皇帝照例写“元旦开笔”诗。

这一传统，从乾隆九年（1744）开始，坚持不懈。

嘉庆元年（1796）元旦，乾隆皇帝心情很好，用去年开笔诗韵，一挥而就，挥笔题写开笔诗：

忆昨居诸犹惕息，即令尊养敢怡神。

后兹岁月听而已，那复劳劳计几句。

更加有趣的是，几乎与此同时，新年元旦子时，在寝宫毓庆宫中，尚未登基的皇太子颙琰模仿父皇，进行完全相同的“元旦开笔”。

据嘉庆皇帝回忆：

乾隆六十年九月，宣布他为皇太子。随后，父皇乾隆皇帝特地召他到养心殿，悉心教授元旦“明窗开笔”之仪。

因此，整个元旦开笔仪式、书写过程、书写内容，熟悉于心。

所有仪式，皇太子完全拷贝父皇乾隆皇帝。

唯一不同的是，开笔年号，他没有写“乾隆六十一年”，而是书写“嘉庆元年”。

金瓯永固杯，只有一个，是宫中特别制作的。乾隆皇帝十分钟爱，放在养心殿中。毓庆宫中，嘉庆皇帝拿着一只朴素的御窑杯，注入屠苏酒，轻饮一口。

史学家赵翼，参加过嘉庆元年元旦开笔仪式，写下了《嘉庆元年元旦试笔》诗，收入其《瓯北集》下卷三八中：

推排遂作三朝老，著述将成一尺高。

嘉庆元年年七十，后人应羡此翁遭。

乾隆皇帝新年明窗开笔的所有用品，包括金瓯永固杯、笔、墨、纸、砚、盘、蜡、炉等，作为珍贵的宫廷历史文物，一起保存于故宫博物院。

有关的“明窗开笔”档案原件，一直保存在中国第一历史档案馆。

乾清宫家宴

清宫之中，每年除夕、元旦，要在乾清宫举行家宴。

乾清宫家宴，分为两场：一、除夕夜，皇帝和后宫家眷饮宴；二、元旦，皇帝与皇子、宗室诸王饮宴。

从宫廷典制上说，乾清宫家宴，是指皇帝和后妃们饮宴。

清宫之中，无论是朝廷典礼，还是皇家宴会，从来没有出现过男女欢聚一堂的宴会场面。中国古代礼制森严，严格限定男女欢聚一堂，皇帝也不例外。宫中，只有皇帝能与宫中女性一同饮宴，皇子除幼龄之外，任何时候，都不得参与。所以，清宫之中，没有真正的家庭宴会。

除夕下午，在保和殿，皇帝设宴，大宴藩王、文武群臣。

除夕之夜，在乾清宫，皇帝设宴，大宴宫中皇后、嫔妃。

乾清宫家宴上，皇帝御筵设在御座之前，皇后宴桌在皇帝左前侧。嫔妃筵席，设在御座前殿庭中，东西相向。

乾清宫家宴，除夕之外，万寿节、上元、端午、中秋、重阳、冬至等令都举行。皇帝出席完王公大臣、皇子、百官等活动之后，回到内廷，和皇后、嫔妃们宴聚。如果皇太后在，家宴以奉迎皇太后为主。

家宴上，宫中宦官机构升平署承担戏曲演出，照例上演承应戏。如上元节家宴上，会演出《悬灯预庆》《景星协庆》《星月交辉》等戏。

元旦，在乾清宫，皇帝设宴，宴请皇子、皇孙、近支王公等皇室男性成员。

在宴席上，行家人礼，又称宗室宴、亲藩宴。

宴席期间，上演吉祥戏，如《万花向荣》《紫姑占福》《海不扬波》《太平王会》等。

宴席进行之中，不时传来虫声啁啾，这是宴席旁边绣笼里秋虫发出的。

宫中人员为增添生活情趣，预先在暖房里喂养了许多秋虫。

乾隆家宴

乾隆二年（1737），宫中除夕大宴，十分喜庆。

乾隆四十七年（1782），乾清宫举行了最大的一次宗室宴，这一年，乾隆皇帝七十二岁。

当时，赴宴人数三千余人，是清朝全盛时期的皇室亲族宴。

元旦次日，在乾清宫，皇帝再摆宴席，赐宴群臣，叫作廷臣宴。

平常，乾隆皇帝都是单独进膳。只有除夕、元旦之时，皇帝令总管太监传旨，由内廷后妃等人在乾清宫陪宴，共同进膳，称为乾清宫家宴。

除夕之日，是清宫年节的高潮。

清晨，乾隆皇帝和后妃分别到各处拈香礼佛，祭祀祖先。然后，到重华宫，共进早餐。

皇帝座前，设帏子矮桌一张，桌上，摆大金碗拉拉（黄米饭）、万年清酒炖鸭子热锅一品等。皇后、嫔妃各设帏子条桌，分别摆设绿龙黄碗菜、霁红碗菜，每桌，拉拉（黄米饭）一品，饽饽（甜点心）二品，盘肉三品等。

真正的除夕家宴，是申正（下午 4 点）准备、酉时（下午 6 点）开始的家宴，在乾清宫举行，称为除夕大家宴，这是宫中真正的团圆年夜饭。

乾隆二年十二月三十日，总管太监李英传旨：今日大宴，酉时设摆，钦此。

乾清宫，设摆万岁爷晚宴，用器皿库金龙大宴桌，银库伺候黄缎金龙镶宝石桌……左垂手，地平，设摆皇后头桌宴，一桌，用器皿库一字龙头宴桌一张，黄缎帏子，两边花瓶，高头七品（头号金龙碗座），群膳三十二品。娴妃，二桌宴，一桌；嘉妃、陈贵人，三桌宴，一桌。

右垂手，贵妃，头桌宴，一桌；纯妃，二桌宴，一桌；海贵人、裕常在，三桌宴，一桌。

内廷宴桌，敬事房总管设摆帏子高桌五张，每桌，两边花瓶，高头五品，群膳十五品。绿龙黄碗三桌，干湿点心四品，小菜四品，匙箸纸花筷套。

照例，家宴大宴，不递酒，酒桌不进大殿。

进膳后，茶膳房首领太监进奶茶。皇帝奶茶碗一出，然后，进皇后奶茶。皇后奶茶之后，依次进妃嫔奶茶。

奶茶之后，转宴。万岁爷宴，从怀里转起，先转汤膳碗、小菜、金匙、点心等，唯独果盒、花瓶、筷子不转。接着，皇后转宴，从怀里转起，先转汤饭、小菜、匙子、点心，唯独筷子、花瓶不转。

转宴之后，上万岁爷酒宴，上酒菜四十品。皇后、妃嫔叩头，谢恩。

酒宴之后，进果茶。果茶毕，皇帝起座，皇后、妃嫔，离座。

大宴一桌，赏庄亲王、果亲王、诚亲王、和亲王，赏讷亲、张廷玉、鄂尔泰。

秋虫

“冬养秋虫”是古时候入冬后的一个习俗。“秋虫”主要指的是蝈蝈、蟋蟀等。

蟋蟀　齐白石

齐白石（1864—1957），近现代绘画大师。曾任中央美术学院名誉教授、中国美术家协会主席等多个职位。他的水墨画浑厚朴实，色彩鲜明，造型生动有趣。

道光时期蟋蟀笼　清

椰子壳和象牙葫芦，高 12.7 厘米。造型精美，极具观赏价值。

陈锦堂制压花葫芦蝈蝈笼　清

苏州博物馆藏。

除夕宴，顺序如下：先摆冷盘，后摆热膳；先进膳，吃汤饭。进膳毕，上奶茶。奶茶毕，转宴。转宴毕，上酒宴。酒宴毕，进果茶。果茶毕，皇帝出座，皇后、妃嫔退席。宴毕，赏赐亲王、大臣。

清朝人查慎行，曾经写诗：

> 巧裁幡胜试新罗，画彩描金作闹蛾。
> 从此剪刀闲一月，闺中针线岁前多。

诗中，描述的是春节景象，人们穿新衣，迎新年，辞旧迎新。

春节，标志着旧的一年结束，新的一年开始，具有重要意义，因此，人们格外重视。

民谣称：二十三，糖瓜粘；二十四，扫房日；二十五，推糜黍；二十六，去吊肉；二十七，宰只鸡；二十八，把面发；二十九，蒸馒首；三十晚上，守一宿；大年初一，扭一扭。

燃放烟花

每年腊月二十一日卯时，皇宫里和各衙门，停止一切政务活动，封存宝玺和各衙门印信，以示停止办公，准备过年。

从此以后，皇宫之内，可以燃放烟花：

“如遇小建，着于十六日开炮；如遇大建，着于十七日开炮”。

从腊月二十一日开始，直到次年正月十九日为止，宫中燃放烟花，正是除旧迎新、驱邪祈祷、平安吉祥之意。

乾隆皇帝曾颁旨：“封宝之前，办事后，放炮仗。封宝之后，出门就放炮仗”。

封宝之后，皇帝外出巡幸，皇帝銮舆走到哪里，爆竹就放到哪里。

每年元旦，正月初一凌晨，皇帝首先来到奉先殿、堂子等处，给祖先祭拜行礼，这时，宫中都要放头号爆竹，作为前导；皇帝前往圆明园、长春园等处拜佛时，也要以燃放爆竹作为前导。

正月十五日，元宵节，皇帝晚上到圆明园山高水长殿前等处，观赏燃放烟花时，前引按例要燃放爆竹。

《养吉斋丛录》记载：

> 山高水长，在圆明园之西，俗呼西厂，地势宽敞，宜陈火戏。每岁正月十九日，例有筵宴……诸戏毕，命放花盒。侍侧者，用顺风耳传谕，即有侍卫将左右柱上所系盒子药线淬火引之。金蛇电掣，倏忽间至十余丈外，而鹤焰腾辉，花芭布彩矣。

鹤焰腾辉，花芭布彩，说明各种各样造型的烟火五彩斑斓，美不胜收。

皇宫烟花，设置专门的燃放场地，烟花制作，亦精美绝伦。

> 听烧爆竹童心在，看换桃符老兴偏。
> 鼓角梅花添一部，五更欢笑拜新年。

诗中，引领时尚的诗句，就是爆竹、桃符、梅花、五更，欢声笑语迎新年。

清朝定鼎北京以后，依然沿袭中原传统春节民俗。

顺治八年（1651）规定，元旦、冬至、万寿圣节，为宫中三大节日；节日期间，皇帝亲临太和殿，接受百官朝贺。

燃放花炮，是皇宫中继承的民间习俗之一。宫中，燃放花炮最盛之时，就是春节期间。

据清宫档案记载，宫中称呼花炮，有烟花、烟火、花炮、爆竹、炮仗等。称呼不同，燃放花炮之时间也不同。

道光元年（1821）十月，道光皇帝降旨："以后放对子炮时，如轿子走得快时，少放几个，走得慢时，多放几个，不必拘泥。"

《檐曝杂记》记载：十二月二十四日以后，皇帝自寝宫出，每过一门，必鸣爆竹一声。自远而近，听着爆竹声响，就知道皇帝已经快到乾清宫了。

观赏烟花，绚丽多彩，赏心悦目，皇帝非常高兴。

雍正皇帝观赏烟花时，写诗：

天街爆竹喧鸣处，都是皇州报喜时。

道光皇帝观赏烟花时，写诗：

爆竹如雷殷，池水若砥平。
坚冰太液镜中边，翠辇行时竹爆宣。

皇宫内外，烟花爆竹震耳欲聋，乾隆皇帝感叹：“京城，每遇除夕、元旦、灯节，民间所放花炮昼夜喧闹，不可胜计。”

下篇 帝王与节令

立春

立春，是中国汉族重要的传统节日之一，是二十四节气之首。

“立”，是“开始”的意思。自秦汉以来，一直以立春作为春天的开始。

春寒料峭，柳芽吐新，正是：“从此雪消风自软，梅花合让柳条新。”

立春，又称“打春”。冬至数九，从第六个“九”开始，就是立春了，人称“春打六九头”“五九、六九，隔河看柳”。

立春以后，白昼长了，气温渐高，日照渐长，降雨渐多。

农谚称：“立春雨水到，早起晚睡觉。”全国各地，准备春耕了。

“立春”是节令，也是重要节日。为了迎春，中国有“鞭春”“咬春”等活动。

“鞭春”，又称“鞭春牛”“祭春牛”“打春牛”，是用泥塑象征农事的耕牛，牛肚子里塞进五谷，牛被打烂时，五谷流了满地。

“咬春”，又称吃春饼、吃春卷、吃春盒，就是吃春菜、吃萝卜，寓意纳吉迎春、吃春祈福，祈求风调雨顺、春风得意。

立春之后，有三个物候：

一、东风解冻。冻结，冬天形成，遇到春风，化解消散。为何不说春风，而说东风？这源于《吕氏春秋》，称：东方属木，木，是火的母亲。东方吹来的风温暖，冻结化解。

二、蛰虫始振。蛰，藏之意。振，活动之意。冬天，藏起来的动物，感觉到春天的气息，苏醒过来，开始动起来。

三、鱼陟负冰。陟，上升之意。鱼，在寒冬，沉于水底。立春以后，阳气上升，鱼从水底游向水上，接近冰面，故称负冰。

皇帝迎春

在中国，立春之日迎春，有三千多年的历史。

从皇帝到百姓，都非常重视迎春。

立春之时，皇帝亲率三公九卿、诸侯大夫，前往东郊迎春，祈求丰收。

迎春之后，皇帝回宫，赏赐群臣，布德天下，施惠万民。

立春养生

中国古人称：春生，夏长，秋收，冬藏。

四季养生，遵循自然规律。

中医称，冬季，阳气收藏；夏季，阳气生发。

阳气，就是人体之中自然向上的、生机勃勃的气息。

冬季，寒风凛冽，阳气收藏。人们多活动，多晒太阳，多吃滋养食物，才能健康。

春暖花开，阳气生发。人们刚刚经历了冬季，身体还没有完全适应春天，阳气没有完全打开。因此，人们感觉困倦。一旦适应了春天，阳气完全生发，人们就会感觉生意盎然，充满活力。

春季，生机勃勃，万物苏醒，植物发芽，泥融燕飞，冰雪消融。

人体气血开始活跃，气血经过肝脏的疏通、调养，渐渐行走于外。

体质虚弱者、老人、小孩，因为肝血外行，往往会使肝血不足，容易形成春困。

立春时节，人们重视养生。

《黄帝内经素问·四气调神大论篇》记载："春三月，此谓发陈。天地俱生，万物以荣。夜卧早起，广步于庭。被发缓形，以使志生。生而勿杀，予而勿夺，赏而勿罚，此春气之应，养生之道也。逆之则伤肝，夏为寒变，奉长者少。"

《亲蚕图（祭坛）》 清 郎世宁等

《亲蚕图》由清乾隆时期郎世宁等诸位画家合作绘制。共四卷，依次描绘了乾隆皇帝的孝贤皇后举办亲蚕礼的四个场景：诣坛、祭坛、采桑、献茧。
先蚕坛。祭拜蚕神的场地，蚕神是我国民间的司蚕桑之神。中国是世界上最早发明种桑饲蚕的国家。我国古代一直以小农经济为主，具体表现就是男耕女织，男子耕作农活，女子养蚕织布。
皇后躬桑：指的是采桑礼，先蚕坛祭祀结束后的第二天举行。这与皇帝亲耕是一样隆重的，皇后手持金钩亲自采桑喂蚕等，以作表率。

《雍正帝祭先农坛图》长卷

纵 61.8 厘米，横 467.8 厘米。
春日之际，明清两代皇帝会带领文武百官在先农坛祭祀先农诸神。先农坛主要包括庆成宫、太岁殿、俱服殿、观耕台、神厨、妃宫殿、神祇坛等建筑。先农坛的观耕台便是皇帝亲耕的地方。大约每年的农历二月或三月到先农坛举行祭祀先农，祭祀典礼结束后皇帝会把礼服脱掉，换上龙袍到地里亲耕，预示着现在天下百姓可以到农田播种了。祭祀先农表示了对农业生产的重视。雍正皇帝执政期间重视农业生产，曾多次到先农坛参加祭祀典礼，祈祷天下五谷丰登。

春天，养生方面，重在防病调养。

立春开始，天气由寒转暖，温热毒邪之气活跃，各种致病细菌、病毒随之生长繁殖。

人要顺应气候，保暖防寒，不使阳气受损。高血压、心脏病者，注意适时增减衣服，防风御寒，养阳敛阴，特别注意脚部、背部保暖，预防中风、心肌梗死等疾病；经常开窗通风，保持空气清新；经常晒太阳，沐浴阳光。

中医称，肝属木，与春相应，主生发，喜畅达疏泄，厌恶抑郁。

不良情绪容易导致肝气郁滞，使神经内分泌系统功能紊乱，免疫功能下降，容易引发精神病、肝病、心脑血管等疾病。因此，春天，应该颐养情志，戒怒戒暴，乐观开朗。

中医称，脾胃是后天之本，人体气血化生之源。脾胃之气健旺，可延年益寿。

春天，是肝旺之时，须注重养肝；如果多食酸性食物，会使肝火偏亢，损伤脾胃。

立春，阳气初发。春季养生，注重养阳。养阳在“动”，切忌“静”。

春天，滋补肝脏气血，养肝养气。

可服当归、枸杞、柴胡、生地、白芍、麦芽，补肝、调气。

春季饮食，因人而异，不能乱补。

健康之人，自然吃应季食物，就是最好的滋补。

饮食应当清淡，不要食用太多辛辣食物。

春季，可食富含蛋白质、糖类、维生素、矿物质食物，包括：瘦肉、牛奶、蜂蜜、新鲜蔬菜、水果等，有利于发寒散邪，扶助阳气；阴虚内热者，可吃些鸭肉、海带、绿豆、甘蔗汁、荸荠、百合等，养阴清热。

立春过后，要春“捂”；饮食方面，要清淡；日常生活，要多吃黄绿蔬菜。

身体虚弱者，可适量吃海参。

阳气上升，容易伤阴。饮食方面，也要注意养阴。

可以食用山药、百合、莲子、枸杞等食物，滋养肝脏，补充气血。

春季三月，万物复苏，欣欣向荣。

人们应该顺应自然规律，起居有常，适度锻炼：每天早睡早起，晚上九点

《雍正十二月行乐图轴・二月踏青》

纵 188.2 厘米，横 102.2 厘米。这是一组表现雍正皇帝在圆明园的日常生活场景的作品组图，按春夏秋冬四季十二个月不同节令展开，共十二幅。

左右，准备入睡；提肛叩齿，按摩会阴；揉面抚腹，调息入定；早上六点左右，起床锻炼；伸展四肢，全身放松；漫步庭院，舒畅筋骨。

宫廷美食养生

紫禁城宫中，讲究饮食养生。

宫廷饮食，膳品种类繁多，制作十分精美。

但是，非常遗憾，深宫大院中的许多美味佳肴，无数奇珍异味，秘不外传，以此确保皇家独享美味。而这些美味佳肴，随着王朝灭亡，悄然无声地绝迹。

明代宫廷，专门设有甜食房。

明代宫中，美味丰富多彩，其制作过程，不许观看，不许记录，其宫廷食单，自然秘不示人。

学者阮葵生，写有《茶余客话》，书中记录了一份明宫漏传宫外的大内食单，名字取得十分古怪，叫一了百当。其制作过程，也十分奇特：

> 猪、牛、羊，精选肉各一斤，剁烂，成馅；
> 虾米半斤，捣成碎末；
> 马芹、茴香、川椒、胡椒、杏仁、红豆，各半两，捣成末；
> 生姜，十两，切成细丝；
> 腊糟，一斤半；麦酱，一斤半；葱白，一斤；盐，一斤；芜拂，二两，细切。
> 首先，用上好香油，一斤，炼热之后，将肉料一齐下锅，炒熟；然后，全部下锅；放冷之后，装入磁器，封贮收藏。味道鲜美，随时食用。

宫中，吃一了百当，经常调以酱味、汤汁。

明代皇帝，对于宫中美味，习以为常，不觉得如何滋味无穷。不过，他们性格独特，常有各自不同的爱好。皇帝的有些爱好，属不伦不类，甚至显得有点可笑。然而，皇帝养成嗜好，醉心于自己钟情的饮食，乐此不疲。

明熹宗，天启皇帝，喜吃大杂烩。

宫中大厨，特地将炙蛤、鲜虾、鲨翅、燕菜等上十种海味，烩在一起，做成一锅大杂烩，进呈给天启皇帝。每天，天启皇帝吃得有滋有味，乐不可支。

春天，人们爱吃果饼。宫中皇帝，一样爱吃果饼。

明穆宗，隆庆皇帝，喜欢吃果饼。没即位之前，他生活在藩邸，经常派侍从前往东长安街，去买果饼。

想不到，这种宫外果饼味道很美，他吃得很上瘾。

做了皇帝以后，明穆宗仍然念念不忘，总是想吃这种长安街果饼。

尚食监，负责皇帝饮食。甜食房，负责制作宫廷果饼甜食。他们得知皇帝想吃长安街上的果饼，立即派遣大厨，前往观摩；同时，开价数十两银子，前往宫外，买最好的原料材食，精心制作。

宫廷制作果饼，原汁原味，更加精美，更加美味，明穆宗吃得十分开心。

吃过宫廷果饼之后，明穆宗心情舒畅。

官员们乘机说，一枚果饼，用银三十两。

明穆宗回味果饼美味，得意扬扬地告诉官员和御膳大师：这种果饼，只需用五钱，可以买一大盒。

开价用银数十两的内臣、御厨，一个个心虚气短，赶紧缩着头，恭敬地认罪。

明穆宗宽怀地笑笑，不以为意。

明末代皇帝崇祯，好吃燕窝羹。

据档案、史料记载，崇祯皇帝朱由检，生性多疑，对于御膳，也充满疑虑。

当时，宫廷御厨，每天都十分小心。

御厨们精心制作，细致烹调，做好御膳之后，先由负责官员品尝，再由五六个顶级御厨递尝，直至咸淡合适，滋味美妙，方才正式制作，进献给崇祯皇帝。

每天进膳，崇祯皇帝吃到美味，吃得舒服，感觉满意，就会默不作声；一旦感觉不如意，他就会龙颜大怒，负责皇帝御膳的内臣和厨师们就有可能面临皮肉之苦，甚至性命之虞了。

《酌中志》记载的美食

明万历年间，宫中有一位太监，叫刘若愚。刘若愚爱读书，最初，在司礼监太监陈矩名下当差。刘若愚善书，好学，能写，宫中内臣都很喜欢他。陈矩死后，大太监魏忠贤的心腹李永贞当权，因刘若愚长于文墨，便派他入内直房管理文书笔墨。

刘若愚心细，对宫内生活、宫廷饮食十分熟悉。

魏忠贤事败以后，殃及刘若愚，被弹劾为魏忠贤私党。刘若愚获罪，谪充孝陵净军。

刘若愚感觉冤屈，无从辩驳，只好前往孝陵。

后来，彻查高攀龙等七人被诬致死一案，查出李永贞索取苏杭织造李实空白印纸，架词虚构。李永贞获罪，立斩。李永贞赏识的刘若愚，罪责难逃，被处斩监候，关入牢中。

入狱以后，刘若愚为给自己辩护，拿起笔，详细叙述宫中生活、饮食起居，说明自己一心于文事，忠于职守，绝非魏、李私党。全书结稿以后，定名为《酌中志》，刘若愚以此申冤。不久，刘若愚真的被无罪释放。

《酌中志》，二十四卷，真实地记述了明代宫中皇帝、皇后、嫔妃、太监、宫女的宫中活动，以及明宫宫殿、内廷职掌、饮食好尚，等等。

刘若愚在《酌中志》中，专谈明宫饮食好尚，从正月到腊月，逐月叙述，生动翔实。

寒冬正月，宫眷内臣，身穿葫芦景补子和蟒衣，不惜一二十日费用，热衷于蒸点心，储藏生肉。这一活动，从腊月二十四以后开始，直到正月佳节。

腊月三十日，是岁暮，宫中互相拜祝庆贺，称为辞旧岁。辞旧岁，大吃大喝，鼓乐喧天，人人开怀。

宫中，正月好饮椒梧酒，吃水点心，即扁食，就是饺子。水点心中，个别包银钱，吃到者，被认为来年一年吉利。

新年时，通常吃百事大吉盒儿：就是将柿饼、荔枝、圆眼、栗子、熟枣等，装在盒子里，称为“百事大吉”。驴头肉，必吃，用小盒盛装。宫中，称吃驴头肉为“嚼鬼”。驴，俗称为鬼。

正月初七，称为“人日”。人日，宫中吃春饼和春菜。

两天后，宫中开始要灯市卖灯，迎接元宵节。

宫中，元宵节，吃元宵。元宵制作：用糯米细面，以核桃仁、玫瑰、白糖做馅，洒水滚成核桃大小，成为江南汤圆。

正月，明宫饮食，丰富多彩。

所尚珍味，包括：冬笋、银鱼、鸽蛋、麻辣活兔、塞外黄鼠、半翅鹖鸡、冰下活虾、烧鹅、烧鸡、烧鸭、烧猪肉、冷片羊尾、爆炒羊肚、猪灌肠、大小套肠、带油腰子、羊双肠、猪膂肉、黄颡管耳、脆团子、烧笋鹅、烧笋鸡、爆腌鹅、暴腌鸡、煠鱼、柳蒸煎攒鱼、煤铁脚雀、卤煮鹌鹑、鸡酝汤、米烂汤、八宝攒汤、羊肉包、猪肉包、枣泥卷、糊油蒸饼、乳饼、奶皮、烩羊头、糟腌猪蹄、糟腌猪耳、糟腌猪舌、糟腌猪尾、鹅肫掌。

所尚素食，包括：滇南枞、五台山天花羊肚菜、鸡腿银盘麻姑、东海石花海白菜、龙须、海带、鹿角、紫菜、江南蒿笋、糟笋、香菌、辽东松子、蓟北黄花、金针、都中山药、土豆、南部苔菜、武当山鲎嘴笋、黄精、北山榛、栗、梨、枣、核桃、黄连茶、虎丘茶、江南蜜柑、凤尾橘、漳州橘、橄榄、小金橘、风菱、膪藕、西山苹果、软子石榴。

下雪之日，宫人聚在暖室，观赏蜡梅花，吃羊肉包子、炙羊肉、乳皮、乳窝卷蒸食，喝浑酒，喝牛乳。

元宵节

元宵节，又称上元节、小正月、元夕、灯节，为每年农历正月十五日，是中国的传统节日之一。

正月，是农历的元月；古代时，人们称“夜”为“宵”；正月十五日，是一年中第一个月圆之夜，因此，称为“元宵节”。

道教有“三元”之说：上元、中元、下元。正月十五日，称为“上元节”。

自古以来，元宵节以喜庆的观灯习俗为主，所以，人称灯节。

宫廷元宵节，历史悠久。

西汉时，宫廷之中，很重视正月十五日。

汉武帝时，正月上辛夜（十五），在甘泉宫中，举行祭祀“太一”的活动。后来，人们将正月十五日视作祭祀天神的先声。

正月十五，真正成为节日，大约是在汉魏时期；正月十五日燃灯习俗，是汉代佛教传入中国以后。

从唐代开始，元宵张灯，成为法定节日。

唐朝时，佛教大兴，宫廷和民间，普遍在正月十五日“燃灯供佛”。

元宵节，是春节最后的节庆活动，是春节的高潮，主要包括：吃汤圆，赏花灯，猜灯谜，放烟花等，以及耍龙灯、耍狮子、踩高跷、划旱船、扭秧歌、打太平鼓等传统表演活动。

明代时，宫廷元宵庆贺活动非常热闹，喜气洋洋，张灯结彩；宫廷喜庆活动，集中在乾清宫和午门。

乾清宫前丹陛上，玉台石座中，竖立一对高大的木质雕龙大灯柱；灯柱八面，悬挂灯联，共十六副。元宵节时，撤下灯联，安上挂灯。

元宵节，钟鼓司在乾清宫丹陛上，安放七层牌坊灯；在寿皇殿，安放圆形鳌山灯，十三层。

内官监，准备各种各样、丰富多彩的元宵庆贺用品，包括：灯笼、灯花、火炮、火焰、火人、火马、盒子、烟火。

明代大臣冯琦，写《观灯篇》称：

万岁山前望翠华，九光灯里簇明霞。
六宫尽罢鱼龙戏，千炬争开菡萏花。

清代时，正月十三日至十九日，七天，为元宵节。

康熙时期，元宵节活动，主要在南苑、西苑举行。

乾隆时期，元宵节活动，主要在圆明园举行。

《雍正十二月行乐图轴·正月观灯》

江南街景图

《苏州市景商业图册》节选。展现了江南一带淳朴的民风，富饶的街市以及天然的美景。画面描绘了人人各司其职，游商叫卖、商铺买卖、宴饮雅聚、百姓劳作的百业兴旺繁华的场景。此图册向我们展示了明末清初时期的商用房屋和居住房屋等建筑，鳞次栉比、井然有序。

山高水长：圆明园四十景之一，元宵节时，燃放烟火，表演摔跤、马术、杂技、歌舞。

福海东部同乐园：曲院荷风北部，元宵节时，皇帝、后妃在此赏戏。

皇宫买卖街：乾隆十六年（1751），第一次南巡。乾隆皇帝十分喜爱苏州热闹的街市铺面和物产风俗。乾隆皇帝命随行画师绘具图式，在京城西北郊皇家苑囿内仿建。当时，北京皇宫建有三处著名的皇家买卖街市：一、圆明园同乐园买卖街；二、清漪园后河买卖街；三、万寿寺至畅春园宫门的“苏州街”。

苏州街：是专门为乾隆皇帝母亲钮祜禄氏七十大寿建造的买卖街，是宫中最大的一条买卖街；这条街，是专供皇帝、太后、后妃逛市游览的一条水街；街道上，河岸边，各式店铺林立，旗帜招展，有玉器店、古玩店、绸缎店、点心铺、茶楼、金银首饰楼等；店铺中，店员都是太监、宫女装扮，五颜六色，十分热闹；皇帝、太后游幸时，买卖街开始“营业”。

燕九节

燕九节，农历正月十九日，是道教全真教道长丘处机的诞辰日，中国传统称为燕九节。

明刘侗、于奕正《帝京景物略·白云观》记载：“真人名处机，字通密，金皇统戊辰正月十九日生……今都人正月十九，致浆祠下，游冶纷沓，走马蒲博，谓之燕九节。又曰：宴丘。”

燕九节，省称燕九。别称：烟九、筵九、宴九、宴邱。

明刘若愚《酌中志·饮食好尚纪略》记载：“（正月）十九日，名燕九是也。都城之西南，有白云观者，云是胜国时，邱真人成道处。此日，僧道辐辏，凡圣溷襍，勋戚内臣，凡好黄白之术者，咸游此访丹诀焉。”

清方文《正月十九日龚孝升都宪社集观灯》诗：“京师胜日夸燕九，远近黄冠会白云。”

《雍正帝行乐图·道装像》

纵34.9厘米，横31厘米。图中描绘岸边巨石之上雍正皇帝身穿道装，一手持拂尘，一手捻珠，手舞足蹈地站在悬崖边上，而一旁的崖壁之下便是波涛汹涌的大海，海中一条蛟龙浮出水面，场景十分壮观。雍正皇帝的道士形象，显示出他对道教保持的一种崇敬心理。

传说，燕九节，源于丘处机曾劝诫成吉思汗少杀人，因此，拯救了许多生命，一言止杀。

人们为了感谢丘处机，特地将他的生日设为节日，称为燕九节。

白云观丘祖殿上，有乾隆皇帝御笔题写对联：“万古长生，不用餐霞求秘诀；一言止杀，始知济世有奇功。”

据《帝京景物志》记载：“相传，是日，真人必来，或化冠绅，或化游士冶女，或化乞丐。故羽士十百，结圆松下，冀幸一遇之。”

事实上，燕九节，不只是十九日这一天，而是从正月初一开始；初八祭星日，游人始盛；十九日，节日高潮。

元代熊梦祥《析津志》记载：“正月初一，至十九日，都城人谓之‘燕九节’”“倾城士女曳竹枝，俱往南城长春宫、白云观。宫观蕨扬法事烧香，纵情宴玩，以为盛节”。

这一天，谁有幸遇上长春真人，就能祛除百病，延年益寿。

皇帝敬重长春真人，特地派遣大臣，前往白云观内，摆下酒席，隆重祭祀丘处机真人。

正月十八日，京城内外，四面八方，前来白云观进香朝拜者，络绎不绝。丘处机弟子们，在白云观内，松树之下，搭起了数座简易棚房，坐禅说法。有人干脆躲在白云观内，僻静之处，彻夜不眠，以待良机，期望喜遇丘真人。

正月十九日，白云观内外，游人如潮，车水马龙，达到高潮。

燕九节，渐渐形成庙会，有戏剧表演、武术杂技，各种美食小吃。

燕九节，白云观庙会，滨都宫庙会，相映生辉。

燕九节，有两项特别的活动：一、赛马；二、等神仙。所谓神仙，就是丘处机。

明代诗人吴宽，作《燕九》七律：

> 京师胜日称燕九，少年尽向城西走。
> 白云观前作大会，射箭击球人马蹂。
> 古祠北与学宫依，箫鼓不来牲醴稀。
> 如何义士文履善，不及道人丘处机。

清代诗人袁启旭，七言绝句《燕九》：

神仙端的是谁人，笑杀黄冠羽服身。
一片软红迷去往，白云何处觅长春。

清代戏曲家孔尚任，《燕九节》三首，绝句：

一

春宵过了春灯灭，剩有燕京燕九节。
才走星桥又步去，真仙不遇心如结。

二

头顶炉香问道妙，村翁扶杖坛边笑。
年年来看求仙人，今日不如千年少。

三

金桥玉洞隔凡尘，藏得乞儿疥癞身。
绝粒三旬无处诉，被人指作丘长春。

填仓节

正月二十五日，称为填仓节，意思是，填满谷仓。祭祀仓神、磨神、星辰、土地。

这一天，是仓王爷生日，中国人定为节日，象征新年五谷丰登。

填，“天”谐音，又称天仓节、添仓节，有老天仓、小天仓之分：

正月二十日，称为小天仓、小添仓，小祭；正月二十五日，称为老天仓、

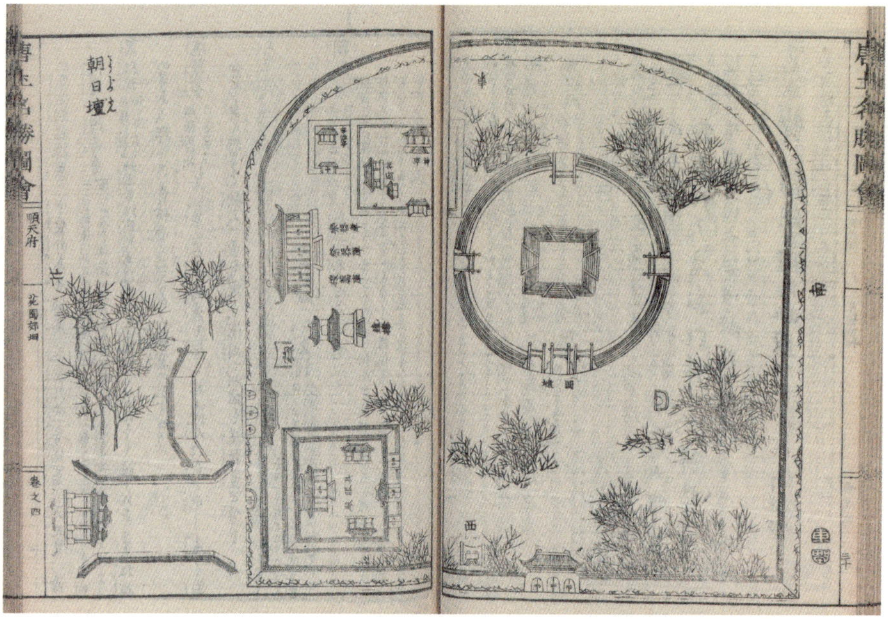

朝日坛

明清皇帝春分之时祭祀太阳的地方，明嘉靖年间始建于朝阳门外，后清顺治年间建坛于皇城东郊。

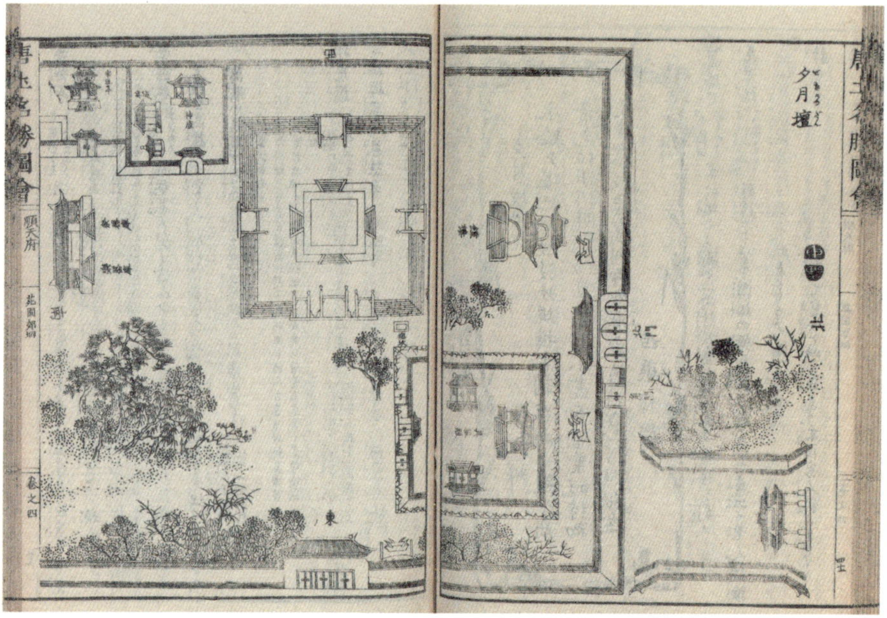

夕月坛

明清皇帝秋分祭月亮和星宿的场地。祭坛位于皇城阜成门外，始建于明嘉靖年间。

老添仓，大祭。

《介休县志》记载：“二十日，名小天仓。煮黄米糕，燃灯礼佛。”

《大同志》记载：“二十日，为小添仓。二十五日，为大添仓，添买米面、柴炭等物。”

《帝京岁时纪胜》记载：“（正月）廿五日（二十五），为填仓节。”

这一天，人们吃得溜圆，表示填满了仓；人们吃春饼、煎饼、饺子，将之投入仓库，称为填仓、添仓。

人们祭祀仓笼之神，祈求粮丰仓满；用灰围出仓库形状，一仓一仓，放满粮食，表示五谷丰登。

正月二十五日，也是宫中的填仓日，可以放开肚皮，大吃大喝，宫人称之为填仓。

填仓节，又称雨灯节：用谷面捏成灯，十二个，大约小碗大小；每只灯顶，捏一个灯盏；灯盏边缘，捏一个小豁口；每个豁口，代表一年四季每一个月；灯盏上锅蒸熟；揭开锅后，看哪个月灯盏水汽最多，则该月雨涝；再根据庄稼生长收成，安排生产。

糕面，做成各种动物、植物形状，称为灯瓜瓜；灯盏盛麻油，谷子裹棉做成灯捻；入夜点燃，祭祀仓神；院子中，灯盏明亮，香火缭绕，十分壮观。

这一天，农家煮高粱米饭，放在仓库；用秫秸棍编织一匹小马，插在饭盆上；一天添三次饭，意思是丰衣足食。

中和节

《唐书·李泌传》记载，唐德宗时，皇帝认为，三月，有上巳节；九月，有重阳节；二月，寒冬结束，天气由寒转暖，天地万物复苏，农事活动全面开始，却没有一个节日，不合情理。于是，皇帝征求宰相李泌的意见。

李泌查阅古典节令，上疏皇帝，建议：

一、废除以往正月晦日（三十日）为节，改贞元五年（790）二月一日为

乾隆七年四月臣丁觀鵬奉

《太平春市图》　清　丁观鹏

画于乾隆七年（1742）四月。画卷描绘了在春季京城城郊，商贩货郎与百姓买卖交易的场景。有打鼓、耍猴戏的，有跑旱船、搭戏棚的，还有兜售鸟笼和卖鸟的，也有在河边三五成群聚集休憩的。展现了春景盎然、万物复苏的季节里，人们外出活动的场景。

《春景货郎图》 元

图中有货郎二人，其中一人手执鹦鹉兜售，另一人在货担边站立。顾客是一妇人与两个童子。货担的笼中鸟色品种殊异，并且有各式儿童玩具。图中人物设色妍雅，服饰细节考究。

中和节；

二、此日，皇帝赐宴群臣，赏赐刀、尺，表示裁度；

三、百官进献农书，表示务本；

四、百姓用青色袋子，装着谷物、瓜果种粒，互赠亲友；

五、村村社社，居民酿制宜春酒，祭祀勾芒神——五行神之木神；

六、皇帝颁诏天下，以示重视农事，祈祷丰收，等等。

唐德宗闻言，龙颜大悦，全部采纳。

皇帝立即降旨，颁行全国：贞元五年二月一日，为中和节；明确规定，每年此日，官员放假一天。

从此以后，中和节，成为皇帝、百官、百姓相互沟通的重要节日。

历代宫中，十分重视中和节，相互赠送百谷、果实，祝福吉祥，称为献生子。

中和节时，皇帝一身礼服，端坐宫中皇帝宝座，郑重其事地接受百官进献农书，以示重视农事。因此，每年开春，第一件大事，就是中和节时，皇帝接受农书，标志着春耕时节的到来。

宋代时，皇帝接受农书，形成制度：皇帝端坐大殿，朝冠礼服，接受文武百官进献农书；仪式结束以后，皇帝前往后宫，和后妃、皇子、公主一起宴饮，观看杂戏；宫女们穿着春天的衣服，在殿外嬉戏，玩斗百草。

明代时，皇帝重视中和节，宫中十分热闹。

清代时，中和节，称为“太阳节”。京城大街小巷，叫卖着太阳饼、太阳糕。太阳糕，用江米做成，圆形米饼，五枚一层，上面耸立一只一寸左右大小的小鸡；糕上，印着金乌圆光。

宫中，用太阳糕祭日。

祭日、祭月，是国家重典。按照礼制规定，只有皇帝、皇后才有资格祭祀日、月，文武百官、士民百姓，不能擅自祭祀。

不过，平民百姓吃太阳糕，只是表达对太阳阳光普照的感激之情。

尉迟枢《南梵新闻》记载：“李泌谓以二月一日，为中和节。人家以青囊盛百谷果实，更相馈遗，务极新巧。宫中亦然，谓之献生子。”

皇帝耕田

传说，古代圣主尧王，其父亲帝喾，共有四个王妃：姜嫄、简狄、庆都、常仪。

常仪，排位第四，地位最低。后来，她生下儿子，众人才对她另眼相看。

庆都，一直没有儿子，心中烦恼。有人告诉她，神母庙可以求子，非常灵验。

庆都相信，元宵节后，前往神母庙，烧香上供，祈求赐子。

一天夜里，庆都梦见一条赤龙，一直追她，她就此怀孕。第二年二月二日，孩子降生，起名放勋，就是后来的尧王。

每年二月二日，尧王和大臣、百姓一起耕田，形成习俗，称为帝王籍田礼。

传说，龙抬头，起源于伏羲氏。伏羲氏，重农桑，务耕田。每年二月初二，皇娘送饭，御驾亲耕。后来，黄帝、唐尧、虞舜、夏禹，纷纷效法先王，形成籍田礼。周武王时，明确规定，每年

帝尧

尧名放勋，帝喾次子，黄帝的五世孙。初封于陶，又封于唐，故号陶唐氏。其号曰尧，称唐尧，为上古时期的圣贤君王，史称『其仁如天，共知（智）如神。就之如日，望之如云。富而不骄，贵而不舒』。唐尧的部族活动于今河北省唐县至望都一带的滹沱河流域。后来因常受唐河、滹沱河水患侵害，唐尧便带领部族西进向高处迁徙，进入了今山西省境内，最后来到了汾河中游的河谷地带，即今太原盆地。后来唐尧的部族和太原先民共同创造了太原的龙山文化。其在位百年，有德政，做到了『九族既睦』。

黄帝　选自《帝王道统万年图》　明　仇英

黄帝为三皇中的地皇，是华夏族部落联盟的首领，被尊为中华民族的始祖。相传古代帝王尧、舜、禹及夏、商、周三代首领均为黄帝的后裔。他是少典之子，本姓公孙，因长居姬水，所以改姓姬，居轩辕之丘（在今河南新郑西北），故号轩辕氏，建都于有熊（今河南新郑），亦称有熊氏，因有土德之瑞，故号黄帝。有嫘祖、嫫母等四位夫人。有后世学者认为黄帝时代是中国远古史上大洪水发生以前最强盛的时代。

帝舜　选自《帝王道统万年图》　明　仇英

中国古代传说中父系氏族社会后期部落联盟的首领，名重华，传说是黄帝的八世孙，因生于姚墟，故姓姚，冀州人。舜受尧的禅让而称帝于天下，建都蒲阪（今山西永济），国号“有虞”，故号为“有虞氏帝舜”。他是与尧、禹齐名的古代圣贤君王。相传因四岳推举，尧便命他摄政。尧去世后他继位，又咨询四岳，举贤任能，并选拔治水有功的禹做了继承人。

大禹　选自《帝王道统万年图》　明　仇英

夏后氏首领，传说是颛顼的曾孙，黄帝轩辕氏第六代玄孙。父亲名鲧，母亲为有莘氏女修己。他是中国古代与尧、舜齐名的圣贤君王。

上古时期，黄河流域洪水为患，尧命大禹的父亲鲧负责治水工作。鲧采取“水来土挡”的策略治水，以失败告终。禹主持治水后，带着尺、绳等测量工具到全国的主要山脉、河流做了一番周密的考察。他发现龙门山口过于狭窄，汛期时洪水难以通过；而黄河则淤积严重，流水不畅。于是他确立了一条与他父亲的“堵”相反的治水方针，叫作“导”，就是疏通河道，拓宽峡口，让洪水能更快地通过。这就是“大禹治水”的典故。

二月初二，龙抬头，皇帝亲自举行耕田活动，文武百官一起耕田。

龙抬头

农历二月初二，是中国传统节日，称为龙抬头，又称为春耕节、农事节、青龙节、春龙节等。

所谓的“龙”，是指二十八宿之中，东方苍龙七宿星象：每岁仲春卯月之初，斗指正东，龙角星从东方地平线上升起，故称“龙抬头”。

龙抬头日，时在仲春卯月初。卯，五行属木，卦象为震，九二，在临卦互震里，表示龙离开了潜伏状态，出现在地表上，崭露头角，为生发之大象。

中国传统文化中，“龙抬头”标志着春耕开始——天地万物，阳气生发，雨水增多，生机盎然。

自古以来，中国人十分重视龙抬头日，隆重祭祀，祈求神灵保佑，风调雨顺，驱邪禳灾，纳祥转福。

“龙抬头”，源于自然天象崇拜，历史久远，丰富多彩。它正式成为全国性节日，出现在文献之中，大约是在元代。

仲春“龙抬头”祭祀活动，以“敬龙”为核心，祈龙消灾赐福，风调雨顺，五谷丰登；二月二，是土地神诞辰日，又称社日节，祭祀土地神。

中国南方地区，二月二日，主要是祭社节，以祭社为主，祭祀土地神；祭龙，则在潜龙飞天的端阳节。

《春秋命历序》记载：“天地开辟，万物浑浑，无知无识。阴阳所凭，天体始于北极之野……日月五纬，俱起牵牛。四万五千年，日月五纬一轮转。天皇出焉……定天之象，法地之仪，作干支，以定日月度。”

天皇观象授时，定天之象，法地之仪，确定星宿天象、天干地支，二十四节气。

龙神，主宰雨水。

《山海经》记载，应龙居于南方，故南方多雨；烛龙不食不寝不息，风雨

金嵌珍珠天球仪　清　乾隆年间

球面嵌珍珠，珍珠即代表星体，共计三千二百四十二颗，珍珠下方刻星体名称，阴刻线串联星体，以示星座。天球仪又叫浑天仪，是测量天体运行和演示天象的仪器。

是谓。

《说文解字》记载："龙，鳞虫之长。能幽能明，能细能巨，能短能长。春分而登天，秋分而潜渊。"

《易经》象曰："见龙在田，德施普也。"

《易经·乾卦》爻辞，释龙："初九，潜龙勿用"——冬天，龙星潜入北方地平线下，不见踪影；"九二，见龙在田"——仲春，龙星从东方地平线上升起，崭露头角，龙德初显；"九三，君子终日乾乾，夕惕若厉，无咎"——季春，龙上不在天，下不在田，故曰乾乾；"九四，或跃在渊"——孟夏，春夏之交，苍龙七宿升上天空；"九五，飞龙在天"——仲夏，龙星飞跃于正南中天，故称飞龙，九五为乾卦诸爻中至吉之爻，喻天地诸事处于最鼎盛时期；"上九，亢龙有悔"——季夏，夏秋之交，苍龙七宿向西下降，故称亢龙；"用九，群龙无首"——季秋，苍龙渐渐隐入地面，群龙无首。

上古时期，人们选择黄道、赤道附近的二十八组星象作为坐标，划分为二十八组，俗称二十八宿。

宿，居住之意。它们环列在日、月、五星四方，很像日、月、五星栖宿之所，故称为"宿"。

"二十八宿"，按照东、西、南、北四个方向，划分为四组，称为四象：

东方苍龙，西方白虎，南方朱雀，北方玄武。

东方七宿，分别称为：角、亢、氐、房、心、尾、箕。七宿组成一个完整的"龙"形星象，人称"东方苍龙"——角宿，代表龙角；亢宿，代表龙之咽喉；氐宿，代表龙爪；房宿，代表龙腹；心宿，代表龙之心脏；尾宿、箕宿，代表龙尾。

冬季时，苍龙七宿，隐没在北方地平线下。

仲春时节，惊蛰至春分之间，角宿从东方地平线上出现，这时，整个苍龙之身，依然隐没在地平线下，只有角宿初露，故称"龙抬头"。

春天，农耕开始之际，苍龙七宿，在东方地平线上慢慢上升，最先露出明亮的龙首——角宿；夏天，万物生长，苍龙高悬于南方夜空；秋天，庄稼丰收，苍龙在西方下沉；冬天，万物伏藏，苍龙隐于北方地平线下。

宫廷挑菜节

宋朝时，二月初二，宫廷御宴，会举行“挑菜”活动。

宋人周密《武林旧事》记载：南宋时期，二月初二，宫中举办挑菜御宴活动。宴会上，用小斛，口小底大，种植生菜等新鲜蔬菜；每个小斛，用丝帛书写蔬菜名称，压在小斛下。宴会开始后，主人让大家分别猜，猜中多者获胜，有赏有罚。

宫廷挑菜活动，如火如荼，影响京城。许多王公贵族，纷纷仿效，“王宫贵邸，亦多效之”。

元代时，将农历二月初二，明确地称为龙抬头。

《析津志》记载，大都风俗：“二月二，谓之龙抬头。”这一天，京城之人，吃面条，称为吃龙须；尝烙饼，称为吃龙鳞；包饺子，称为吃龙牙。

明代时，二月二，称为龙抬头、花朝节、挑菜节。

龙抬头活动，相沿成俗，包括：撒灰引龙、扶龙引雨、熏虫避蝎、剃龙头、忌针线、忌伤龙眼等，称为龙抬头日。

元费著《岁华纪丽谱》记载：“二月二日，踏青节，轫郡人游赏散四郊。”

汪灏《广群芳谱·天时谱》，引《翰墨记》记载：“洛阳风俗，以二月二日，为花朝节，士庶游玩，又为挑菜节。”

清代时，沿袭明代风俗，京城流行吃素饼，称为熏虫。

清康熙年间《大兴县志》记载：“二月二，家各为荤素饼，以油烹而食之，曰熏虫。”

清咸丰年间《武定府志》记载：“二月二日，为春龙节。取灶灰围屋，如龙蛇状，名曰引钱龙，招福祥也。”

《帝京景物略·卷二春场》记载：“二月二，曰龙抬头。煎元旦祭余饼，熏床炕，曰熏虫儿，谓引龙，虫不出也。”

《燕京岁时记》记载：“二月二日，古之中和节也。今人呼为龙抬头。是日食饼者谓之龙鳞饼，食面者谓之龙须面。闺中停止针线，恐伤龙目。”

《大同府志》记载：“二月二日，各村疃社醵钱献生，谓之‘扶龙头’。提壶汲井水注之，曰‘引龙头’。”

唐代诗人白居易诗云：“二月二日新雨晴，草芽菜甲一时生。轻衫细马春年少，十字津头一字行。”

禁忌

龙抬头，有许多禁忌。日常生活中，忌动针线，怕伤龙眼，招灾惹祸；禁忌担水，因为，此日夜晚，龙要出来，不能到河边、井边担水，以免惊龙，招致旱灾；忌讳盖房打夯，以防伤龙头。

人称：“磨为虎，碾为龙。”此日，要将石磨支起上扇，方便龙抬头升天。

忌讳磨面，以免磨会伤到龙头，不吉利。

谚语称：“二月二龙抬头，八月二龙收尾。”民间还会举办多种活动，祈福纳吉——舞龙笼、戴龙尾、开笔等。

祭社神

二月初二，是土地公诞辰日，称为土地诞、社日节。

社日，分为春社日、秋社日。古代时，春社是立春后的第五个戊日；秋社，是立秋后的第五个戊日（戊，五行属土）。

土，生万物。土地神管土地，是人们敬奉的神灵。

土地公，人称福德正神。中国南方地区，二月初二，给土地公公暖寿，举办土地会；到土地庙烧香祭祀，敲锣鼓，放鞭炮，为土地神庆贺生日。

习俗

立春日，北京人吃春饼，称为“咬春”。二月初二，吃春饼，称为“吃龙鳞”。

北京春饼，比吃烤鸭的薄饼略大，有韧性，北京人称有“骨立劲儿”。春饼，卷有很多时鲜蔬菜。吃春饼时，讲究吃苏盘，称为盒子菜。春饼烙好，放在蒸锅，随吃随拿，十分热闹。

出嫁的姑娘，二月初二，接回家中，一起吃春饼。

二月初二，吃驴打滚，尝新——驴打滚，黄豆粉面，裹豆沙馅，外形滚圆，寓意财源滚滚。

北京民谚：“二月二，照房梁，蝎子蜈蚣无处藏。”

此日，人们点着蜡烛，照着房梁、墙壁，驱除蝎子、蜈蚣等害虫。

二月初二，各种毒虫活动频繁。为了避免毒虫伤害，人们会驱虫扫毒。用棍棒、扫帚、鞋子等，敲打梁头、墙壁、门户、床炕等处，以避蛇、蝎、蚰蜒、老鼠等虫害，吟唱：“二月二，龙抬头，蝎子、蜈蚣不露头。”

二月初二，理发，称剃喜头——龙抬头，大吉之时，保佑人健康成长，出人头地，辞旧迎新，带来好运。

谚语称：“二月二龙抬头，大家小户使耕牛。”

二月初二，清晨，人们打着灯笼，撒灰，前往井边、河边挑水；回到家中，撒灰、点灯、烧香、上供，称为引田龙。

撒灰，选用草木灰，从家门口开始，撒一条龙，引到河边；再用谷糠，撒一条龙，引到家。意思是，送走懒（青）龙，引来钱（黄）龙，保佑平安，人财两旺。

撒灰，从临街大门外开始，一直撒到厨房灶间，绕水缸一圈，叫作引钱龙；将草木龙灰撒在门口，驱邪避灾；将草木龙灰撒于墙脚，呈龙蛇状，招祥避虫。

这天清早，挑水回家，倒入水缸。谁最先挑回水，谁就最先引到钱龙，预示着一年的好财运。于是，此日凌晨，人们都起早挑水。

景德镇窑素三彩牧牛童子　清　康熙年间

高 26.7 厘米，宽 25.4 厘米。

清康熙皇帝题诗，焦秉贞绘图。《耕织图》是以江南农村农家耕种和纺织为题材的一套图册，完整地描述了粮食的生产过程以及养蚕纺织的一套流程，每一幅画都配有一首康熙皇帝御题的七言诗。《耕织图》有很多版本，样式也各不相同，印玺位置以及装帧手法都是不一样的。本图册描绘的是众多版式中的一种，《耕织图》中的耕图部分。

初秧

耕

碌碡

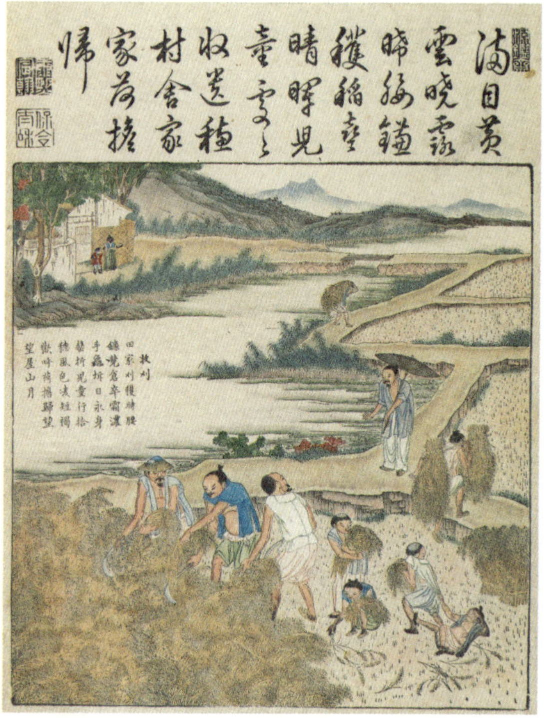

收刈

舂碓

一耘

二耘

簸扬

入仓

东北地区，二月初二，早晨，以长竿击打房梁，称为敲龙头。

击房梁，用木棍、竹竿敲击，以便惊走蛇、蝎等毒虫，毋使为害。

一边敲，一边唱："二月二，龙抬头。大仓满，小仓流。"

人们在院子里，用灶灰撒一个个大圆圈，将五谷杂粮放在中间，称为打囤、填仓，寓意五谷丰登，风调雨顺，囤盈仓满。

二月初二，吃猪头肉。祭神，用猪、牛、羊三牲。后来，简化为三牲之头。

宫廷时尚

二月初二，龙抬头。各大宫门，尽行撤去元日佳节的各种彩装。

各宫各室，用黍面枣糕油煎进食，十分可口。有人将面和得很稀，摊成煎饼，称为薰虫。

二月，宫中分菊花、牡丹，将窖藏过冬的花木，开一条缝，放风。

清明节前，宫中收藏貂鼠、狐狸毛皮。

立春时节，宫中讲究吃河豚，饮芦芽汤。河豚，肉嫩鲜美，但有毒。明宫中，尚食河豚。据说，吃河豚，饮芦芽汤，能解体热和祛毒。

春天了，各宫各室，开始准备消夏凉酒。

花朝节

二月十二日，花朝节。

花朝节，是纪念百花的生日，简称花朝，习称花神节、百花生日节、花神生日节、挑菜节，是中国汉族的传统节日。时间上，一般在农历二月初二、二月十二日，或二月十五日、二月二十五日举行；通常，节日时间是二月十二日。

花王，掌管人间生育。花朝，意思是开枝散叶，人丁兴旺。花朝节，是百花节，亦是生育节。

春秋时期，《陶朱公书》记载："二月十二，为百花生日，无雨，百花熟。"

晋代周处《风土记》记载："浙江风俗言，春序正中，百花竞放，乃游赏之时，花朝月夕，世所常言。"

南北朝时期，《荆楚岁时记》记载："长安二月间，士女相聚，扑蝶为戏，名曰扑蝶会。"

唐代时，皇帝降旨，明确二月十五日，为花朝节。花朝节，是百花的节日。对应的是中秋节，明月的节日。

大唐时期，正月十五日，元宵节；二月十五日为花朝节；八月十五日，中秋节，合称三大月半节。

《熙朝乐事》记载："花朝月夕，世俗恒言，二、八两月，为春秋之半，故以二月半为花朝，八月半为月夕。"

花朝无期，宫廷赏花活动没有固定之日，花期到来，盛开之日，就是皇帝赏花之时。

唐、宋时期，宫廷赏花、观花、举行花宴，安排细致，绝不苟且。

唐穆宗爱花，命令侍从看护御花园，专门为百花造重顶帐幕，十分华丽，为花朵遮挡风雨；唐穆宗担心百花受到委屈，特别设立惜春使者，正式名称是惜春御史，专职专责，照料花朵。

采集百花，和米一起捣碎，蒸制成花糕，养颜美容。

制作花糕，始于武则天时期。武则天爱花成癖，下令宫中制作花糕。

每年二月十五日，武则天亲临花园，游春赏花。她下令宫女，采集百花，和米一起捣碎，蒸成花糕，用于尝花，赏赐群臣。

女皇喜爱，风行一时。京城上下，食花糕成为时尚。

正月花神，是柳梦梅。二月花神，是杨贵妃。

女子前往花神庙，烧香，祭祀花神，祈求花神降福，保佑花木茂盛，呵护百花。

闺中女子，剪五色彩笺，取来红绳，把彩笺系在花树上，称为赏红。

花神节期间，人们前往郊外游览、赏花，称为踏青。

宋代时，宫中花木，品种繁多，五彩缤纷，花期很长。

皇帝、后妃喜爱赏花，时常举行各种赏花活动。花匠十分忙碌，刻意装点花园花木：摆设花盆，摆出各种吉祥图案；花园景点处，设立锦帘、绡幕；帐

《虢国夫人游春图》　唐　张萱

图中描绘了杨玉环的姐姐虢国夫人及其眷属外出踏青游春的情景。唐玄宗宠爱杨贵妃后，封杨贵妃的三个姐姐为韩国夫人、虢国夫人、秦国夫人。成语“素面朝天”的典故便源自虢国夫人，北宋文学家、地理学家乐史撰写的《杨太真外传》称：“虢国不施脂粉，自炫美艳，常素面朝天。”后世学者认为图中第一位身着男装的领路者可能是虢国夫人，这一推断与唐代服饰文化中“女着男装”的时尚相符。

幕之上，绘制、精绣祥云、蔓草、飞梭、绣球；帐幕之下，铺设精致茵褥，坐垫、靠枕；锦帐旁边，配饰稀奇珍玩，日常器物；花园各处，散养奇禽异兽。

皇帝兴致勃勃，前往梅亭，赏玩梅花；转过一个小丘，来到芳春亭，观赏杏花；品茶吟诗之后，信步闲游，走进桃园，观看桃花。

吃过宫廷的美味点心，皇帝前往粲锦堂，观赏锦绣；前往妆亭，品赏海棠。进入兰亭，曲水流觞，喝酒吟诗；最后，皇帝带着美丽后妃，走进钟美堂，饱览群芳，品味芳丛。

钟美堂，是皇帝赏花的宫中花园。大堂前三面，以花石造台，台凡三层；每层花台，分别养殖各种名贵花木，悬挂象牙牌，标明花色品种，覆盖青纱帷幕。花台后面，种植极品玉绣球数百株，朵朵清秀，如雕如镂，晶莹如玉。

大堂之内，布置精致。室内左右，各设三层花架，彩色护栏，雕刻精致，上绘各种牡丹。花架之上，陈列各种珍宝玉石、碾玉水晶金壶、大食玻璃瓷器等；花瓶之中，插着各种各样奇花异草，包括宫廷名品——姚魏、御衣黄、照殿红等，大约一千种。堂中四面，摆放大斛上千，插着各式鲜花异草；大斛外表，贴着金箔银箔，光彩照人。大堂窗户明亮，洁净整齐；雕梁画栋，龙凤呈祥；湘筒贮花，目不暇接，流光溢彩。

宫廷赏花活动，太监们欢呼雀跃。他们身着新衣，前往市肆、花市、古玩商铺等处，敲诈勒索，采购珠宝、花翠、金环银饰、绣绸彩缎、官窑瓷器、儿童玩具、旗杆龙船、时鲜水果等，用于皇帝、后妃赏花之用，乘机中饱私囊。

宋朝时，风行赏花扑蝶。花朝节，改称扑蝶节、扑蝶会。扑蝶，就是抓蝴蝶、扑蝴蝶。

北宋时，二月十五日，为仲春节。人们游春赏花，扑蝶游乐，饮酒赋诗，称为壶蝶会。壶蝶，蝴蝶也。凡是参加者，自带一壶酒，一碟菜，美酒佳肴，赏花赏人。

宋朝诗人杨万里，在《诚斋诗话》

中记载：“东京（开封），二月十二日，曰花朝，为扑蝶会。”

《翰墨记》记载：“洛阳风俗，以二月二日为花朝节。士庶游玩，又为挑菜节。”

宋周密《花朝溪上有感昔游》：

枕上鸣鸠唤晓晴，绿杨门巷卖花声。
探芳走马人虽老，岁岁东风二月情。

宋《洛阳牡丹记》记载：“洛阳之俗，大抵好花。春时，城中无贵贱，皆插花。”

妇女剪彩帛为花，插在头上，赠送亲友。

明马中锡《宣府志》记载：“花朝节，城中妇女，剪彩为花，插之鬓髻，以为应节。”

明代时，二月二日开始，宫中换上春装。三月四日，宫眷内臣，换穿罗衣。

皇帝带着后妃，前往观花殿，观赏牡丹。

明代皇帝，喜爱牡丹。宫廷之中，牡丹争奇斗艳。内臣修剪花枝，整理花

《五代南唐周文矩仙姬文会图卷》

本幅应为明代晚期苏州作坊的拟古作品。此画描绘了宫苑内的女眷雅集文会的场面。此时正是春机盎然之时，宫苑内各类植物繁盛，有参天树木也有盆栽花朵，百花齐放，一片生机。

圃，特地为名贵牡丹搭建彩色帐篷，供皇帝、后妃观赏。阳光明媚，春色无限。芍药绽放，牡丹盛开。皇帝徜徉在花海之中，心花怒放。

明代宫中，花匠十分敬业。每年冬天，他们将皇帝、后妃喜爱的名花异草，贮存在皇宫地窖之中，精心养护。新春二月，开窖放风，唤醒花枝。阳春三月，花草搬到室外，移植到花园、花圃、亭台、楼榭、宫观、仙阁，精心养殖，迎风绽放。

清代时，花朝节发生了变化。

宫廷中，皇帝、后妃对花朝节非常重视，祭祀花神，庆贺佳节。

清代宫廷，敬仰太上老君，二月十五日，是太上老君诞生日，因此，清宫将花朝节提前，二月十二日，为花朝节。

花朝日，宫女们用剪刀剪制红绸、黄绸彩条，每条绸子，宽二寸，长三尺。宫女兴高采烈，将红条、黄条、红花悬挂、缠绕在宫院大大小小的树枝上，花枝招展，繁花似锦。

皇帝、皇后一身新衣，坐着彩轿，前往圆明园花神庙，拈香行礼，祭拜花神。

皇帝回到宫中，举行赏花活动。宫中搭建船台，用于皇帝赏花。宫廷南府习艺太监来到船台，登台演戏。演出戏目，包括《花台啸侣》《百花献舞》等。

皇太后喜爱花朝节，特地从皇宫来到圆明园，喝茶、赏花，前往同乐园听戏。南府习艺太监登台献艺，特别上演精彩节目：《山门》《打番》《赶车》《卖兴》《飞虎山》《万花献寿》《万卉呈祥》。

南方，以二月十二日为百花节；北方，以二月十五日为花朝节。

夜晚，花树枝梢上，张挂花神灯，火树银花，分外美丽。

明谢与思《花朝》：

> 芳春何事恨难消，面面青山对寂寥。
> 五斗欲将沽酒去，满城风雨妒花朝。

《郊外游春图》　明　仇英

纵 96.5 厘米，横 71 厘米。仇英，明代绘画四大家之一。这幅立轴也是目前发现的仇英图画中保存得最完好的一幅。在一片山林间，河水流淌，桃花盛开，一富家文人身骑骏马，与一前一后两童子正经过桃林，前去春游。画中骑马公子和童子皆向后看另一正在过桥的童子，似有言语间的交流。人物极具精工传神，人物面部表情丰富，用笔精细，马匹绘制炯炯有神，人物与动物的“动”和山间的“静”结合，使画面更加生动，富有感染力。远山淡墨，远处桃花若隐若现的表现手法与近处的山景形成了虚实的过渡，远中近景安排得疏密有致，使画面给人以遐想的空间。整个画面给人一种舒适的闲逸生活感。

《仿仇英汉宫春晓图卷》　清　丁观鹏

绢本设色， 34.5 厘米 ×675.4 厘米。《汉宫春晓图》描述的是宫廷女性在初春时节的平常琐事，图中人物衣饰打扮鲜丽多彩，场景有妆扮、浇灌、折枝、插花、饲养、歌舞、弹唱、围炉、下棋、读书、斗草等。

清蔡云《咏花朝》：

百花生日是良辰，未到花朝一半春。
万紫千红披锦绣，尚劳点缀贺花神。

清周之瑛《花朝雨》：

微风细雨酿春朝，红杏枝头渐放娇。
不惜苔痕黏绣履，金铃亲自繫花梢。

近代诗人苏曼殊《花朝》：

江头青放柳千条，知有东风送画桡。
但喜二分春色到，百花生日是今朝。

花朝节，繁花似锦，庆祝活动丰富多彩。

清顾禄《清嘉录·二月》："（二月）十二日，为百花生日。闺中女郎，剪五色彩缯，粘花枝上，谓之赏红。"

水节

中国古人爱水，重视水，特地确定，三月三日为水节。

水节，起源于晋武帝司马炎。

据史书记载，有一天，晋武帝问博学多才的尚书挚虞："三日曲水，其意何指也？"

挚虞回答："汉章帝时，平原人徐肇上书，以三月初三日，生三女，至三日俱亡。一村惊恐，俱以为怪。于是，他们相携前往水滨，洗浴洁净，因水泛觞。曲水之义，由此而来。”

晋武帝若有所思，说：“若如所谈，便非佳事。”

尚书郎束晰说：“仲治小生，不足以知此，臣请说其始末。昔周公城洛邑，因流水泛觞，故诗云：羽觞随波。秦昭王，三日置酒河曲，见有金人出，捧水心剑，曰：令君制有西夏。于是，秦霸诸侯。因此，在此处，立曲水祠。二汉以来，三日，皆为盛集！”

晋武帝大喜：“善！”于是，赏赐束晰金五十斤。随后，降尚书挚虞为阳城令。

汉唐以来，皇帝喜爱山光水色，曲水流觞。

三月三日，宫中举办典水流觞活动，由皇帝主持，前往郊外水边，祓禊消灾；举行宴会，曲水流觞，成为每年春天盛事。曲水流觞宴会上，喝酒吟诗，称为君臣雅戏。

汉武帝时，每年三月三日，郊外祓禊。有一年，武帝祓于灞水之滨。回宫路上，信步前往姐姐平阳公主家。在姐姐举办的宴会上，结识了歌女卫子夫，成就了一段传奇佳话：卫子夫进宫，取代陈皇后，成为皇后。

大唐时代，三月三日，宫中十分热闹。宫中举行水节，美女水边戏水。所谓：三月三日天气新，长安水边多丽人。

这一天，宫女在兴庆宫大同殿前，特许与自己的家人相见，相互问候平安，馈赠物品。

特别有趣的是，水节之日，大唐皇帝特别降旨，赏赐侍臣细柳圈。据说，这种宫廷细柳圈，能够避免蚊虫、蝎毒。

水节之日，京城男女老少，前往水边，洗去尘埃，健康身心。

诗人王维，写诗描述三月三日盛景：

万乘亲斋祭，千官喜豫游。
奉迎从上苑，祓禊向中流。

唐宋以后，三月三日水节，渐渐形成制度，君臣相会，曲水流觞。

宋代时，三月三日，宫中水节，开皇家金明池、琼林苑、金水河，举行盛会；皇帝亲自主持，水上争标，赏赐皇家珍品；然后，皇帝回宫，大殿赐宴，喝酒吟诗。金明池水上活动，热闹非凡，前后长达二十日。

据《东京梦华录》记载：金明池，位于汴京顺天门外街以北，周回大约九里。池岸蜿蜒，长约七里。池水岸边，向北，建有一座巍巍华丽的临水殿。皇帝驾临之时，端坐殿中，喝茶品酒，观赏金明池争标竞技，赏赐优胜者；然后，皇帝在殿中赐宴。

临水殿往西，是一座仙桥，长数百步，三虹飞架，朱漆栏杆，下面一排红色雁柱，中间突起，人称骆驼红。仙桥尽头，耸立五座大殿，坐落在池水中央。仙桥南边，是棂星门，门里，对立着华丽彩楼。

每次宫廷争标竞技，美女登上彩楼，招摇助兴。对街南面，砌成高台。高台上，建筑高楼，称为宝津楼。楼前，是地门，俯瞰仙桥水殿。

皇帝亲临金明池，观赏争标竞技。鞭声噼啪，震响裂空。一时之间，龙舟并渡，竞技争标。池岸两边，百官聚集，万民观看，欢声雷动，惊天动地。

皇帝登上宝津楼，车水马龙。大楼前，百戏纷呈。鼓手十余人，一人摇着双鼓子，走近御前跪拜，高声传唱，众人赞语：青春三月暮山溪……鼓笛齐鸣，山呼万岁。

一个头戴红色头巾的武士，剽悍奔出，手中舞动大红旗。红旗飘动处，狮子、豹子、老虎纷纷登场，威风凛凛。

第二个红巾武士出场，手执两面白旗，跳跃旋舞，称为扑旗手。登竿、筋斗、踏球、杂旋、弄枪、舞剑等百戏活动，进入高潮。

宫中时尚

二月末，时兴吃鲜，鲜嫩可口，称为桃花鲜。

三月初四，宫眷内臣们，换穿罗衣。

皇帝，驾临回龙观，欣赏海棠。

宫中，搬出窖藏花树草木，收拾园圃、亭榭、药栏。有些宫室，修凉棚、赏牡丹。

三月十八日，皇帝前往东岳庙进香。

宫人，吃烧笋鸡，吃凉糕，吃糍粑。将糯米面蒸熟，加糖，加碎芝麻，称为糍粑。

宫中大太监，好吃雄鸭腰子，壮阳补虚。当时，雄鸭腰子十分值钱，大的一对，就要六分银子。

立夏

立夏，是二十四节气中夏季的第一个节气，表示夏季正式开始。此时，斗指东南，万物生长，至此长大，故名立夏。立夏，最早被确立为节气，可以追溯到战国末年（公元前 239 年）。

《月令七十二候集解》记载："立夏，四月节。立字，解见春。夏，假也。物至此时，皆假大也。"

习惯上说，立夏是一个重要的节气，人们把温度明显升高、炎暑即将来临、雷雨日渐增多、农作物进入旺季生长之时期，视为立夏。

从气候学上说，五天日平均气温稳定升达 22℃以上，为立夏，标志着夏季的开始。

中国地域面积辽阔，南北差异较大。

立夏前后，中国从福州到南岭一线以南地区，真正进入夏天，正是"绿树浓阴夏日长，楼台倒影入池塘"。其他地区，各有差异：东北、西北部分地区，此时则刚刚进入春季；全国大部分地区，平均气温在 18 ~ 20℃，正是仲春时节，所谓"百般红紫斗芳菲"；黄河中下游地区，立夏时节，基本符合气候学的标准温度，这一地区，正是二十四节气的起源地。

立夏时节，万物繁茂。

立夏，分为三候：

初候，蝼蝈鸣。蝼蝈，也叫蛤蟆，是蛙的一种。这时，蛙类动物，开始在田间、塘畔鸣叫觅食。

二候，蚯蚓出。地下温度持续升高，蚯蚓从地下爬到地面，呼吸新鲜空气。

三候，王瓜生。王瓜，也叫土瓜。这时，王瓜开始生长。

清乾隆《新郑县志》记载："四月，王瓜初生，摘售，以相送，谓之进鲜。"

蝼蝈鸣。生穴土中，好夜出，今人谓之土狗是也；一名蝼蛄，一名石鼠，一名螜（音斛），各地方言，称谓不同。

《淮南子》记载："蝼蝈鸣，邱蚓出，阴气始而二物应之。"

《夏小正》记载："三月，螜则鸣是也。且有五能，不能成一技：飞不能过屋；缘不能穷木；泅不能渡谷；穴不能覆身；走不能先人。故《说文》称，鼫为五技之鼠。"

《埤雅》《本草》，俱以为臭虫；陆德明、郑康成以为蛙，皆非也。

蚯蚓出。蚯蚓，即地龙也。《历解》记载："阴而屈者，乘阳而伸见也。"

王瓜生。《图经》记载："王瓜，处处有之，生平野、田宅，及墙垣。叶似栝楼、乌药，圆无丫缺，有毛如刺，蔓生，五月开黄花，花下结子如弹丸，生青熟赤，根似葛，细而多糁，又名土瓜，一名落鸦瓜，今药中所用也。"

《逸周书·时讯解》云："立夏之日，蝼蝈鸣。又五日，蚯蚓出。又五日，王瓜生。"

明人《遵生八戕》记载："立夏之日，天地始交，万物并秀。"

中国自古以来，很重视立夏节气。

《礼记·月令》记载，立夏之日："蝼蝈鸣，蚯蚓出，王瓜生，苦菜秀。"

蝼蝈聒噪，标志着夏日来临。蚯蚓是土中之物，能够轻松地翻松泥土。乡间小路、村镇田埂，野菜漫山遍野，争相出土，旺盛生长。

春天，是生的季节。夏天，是长的季节。广袤大地上，动物、植物，进入旺盛的生长期。全国各地，气温大幅度提高，雨水明显增多。南方的早稻灌浆，油菜结籽，即将成熟。北方地区，冬小麦扬花灌浆。春播作物，大豆、玉米、高粱、谷子、棉花等，相继出苗。

这时，最忙碌的就是锄地。正是"立夏三朝遍地锄"。

锄地，可给土地松土，防止水分蒸发，又可锄掉田中杂草。因此，农谚说："一天不锄草，三天锄不了。"

“立夏种棉花，有柴没疙瘩”，种棉季节已过。

立夏种植，可以“立夏前后种地瓜”“立夏种稻点芝麻”。

皇帝迎夏

立夏，是中国的传统的礼俗节日。

“立夏”，“立”，是开始之意；“夏”，是大之意，意思是指春天播种的植物已经直立长大了。

中国古代皇帝，非常重视立夏迎夏。

立夏之日，皇帝一身礼服，亲率王公大臣、文武百官，前往城南郊外，祭祀赤帝祝融，举行迎夏仪式。

君臣一律穿朱色礼服，佩戴朱色玉佩；皇帝、大臣所用马匹、车旗，全部用朱红色，以表示对神灵的恭敬和对丰收的祈求。

皇帝迎夏之后，回到宫廷，宣布打开宫中冰窖，“立夏日启冰，赐文武大臣”。

冰窖之冰，是上年冬天贮藏的，立夏之日，由皇帝赏赐王公大臣和文武百官。

皇帝特别降旨，命令中央司徒等负责农业的主要官员，奔赴全国各地，勉励农民生产，抓紧耕作。

汉代时，沿袭此俗。

《后汉书·祭祀志》载：“立夏之日，迎夏于南郊，祭赤帝祝融，车旗服饰皆赤。”歌《朱明》，舞《云翅之舞》。

宋代时，礼仪更加繁琐。

明代时，始有“尝新风俗”。

清代时，立夏尝新，吃米粉春芽。

《帝京岁时纪胜》记载：“立夏，取平时曝晒之米粉春芽，并用糖面，煎作各色果叠，相互馈送。”果叠很香，非常美味，人们用柳枝穿果叠，做成小儿喜爱的食品。

江浙一带，人们感觉春光已逝，备酒食为欢，名为饯春。

崔骃在赋里说：“迎夏之首，末春之垂。”

《弘历观荷抚琴图轴》 清

纵 299.5 厘米，横 156.5 厘米。

作者运用西洋的绘画技法来绘制这幅画，画中乾隆皇帝一身汉装，在湖边亭静心抚琴，身后二童子为他扇风纳凉。远处高山流水，湖中荷花盛开，在此处消夏纳凉，怕是再好不过了。

吴藕汀《立夏》诗说："无可奈何春去也，且将樱笋饯春归。"

江浙一带，立夏吃花饭，称"吃补食"。

民间习俗称："立夏吃蛋，石头都踩烂。"意思是说，立夏时，吃鸡蛋、鸭蛋，可以增强体质，可以耐暑。

立夏是节令，有立夏食笋、立夏喝酒之说，称为"立夏见三新"。

南方地区，逢立夏日，各家蒸新茶，配各种水果，馈赠亲戚邻居。

古人认为，立夏三个月，分别称为孟夏、仲夏、季夏，是农事最为繁忙的季节，人称"三夏"。

夏令时节，疾病较多，往往有身倦肢软、食少微热的现象，有时，还会暑热伤气。这种情况，主因是工作劳累、气温偏高、休息不足，因此，立夏要注意调整饮食，合理安排劳动，保证睡眠。

民间，立夏日，人们则喝冷饮消暑。

立夏日，江南水乡，有烹食嫩蚕豆的习俗。

立夏尝新

立夏尝新，丰富多彩。

苏州，有"立夏见三新"之谚。三新，为樱桃、青梅、麦子，用以祭祖，聚会尝新。

常熟，立夏尝新，更加丰盛，有"九荤十三素"：

九荤——鲫鱼、鲚鱼、咸鱼、咸蛋、螺蛳、熄鸡、腌鲜、卤虾、樱桃肉；

十三素——樱桃、梅子、麦蚕（新麦揉成细条煮熟）、竹笋、蚕豆、矛针、豌豆、黄瓜、莴笋、草头、萝卜、玫瑰、松花。

《月曼清游图·碧池采莲》清　陈枚

此册共12开，每开纵37厘米，横31.8厘米。画册描绘的是后宫嫔妃们一年四季的生活片段，以月份为主，分别描绘了十二个月的场景。此画正是六月『碧池采莲』图。画中妃嫔分成了两组，一组在湖边持团扇纳凉，聊天打趣；一组在湖边的船上，似刚从湖中划船回来，船上还有刚刚在湖里采摘的荷花。两组人物面面相对，似在对话。画面人物灵动，画面完整，表现出了深宫厚闱之内的宫中女子是如何消磨夏日时光的。

夏日斗蛋

立夏之日中午，家家户户煮好囫囵蛋——鸡蛋带壳清煮，不易破损；用冷水浸泡数分钟之后，再套上丝网袋，挂在孩子颈脖上。

孩子们兴高采烈，三五成群，进行斗蛋游戏：蛋分两端，尖者为头，圆者为尾。斗蛋时，蛋头斗蛋头，蛋尾击蛋尾。一个一个斗过去，破者认输。最后，分出高低。蛋头胜者为第一，蛋称大王；蛋尾胜者为第二，蛋称小王或二王。

谚语称："立夏胸挂蛋，孩子不疰夏。"

疰夏，是夏天常见的病，就是腹胀厌食，乏力消瘦。小孩，容易疰夏。

立夏习俗，中饭吃糯米饭，饭中，掺杂豌豆。餐桌上，必有煮鸡蛋、全笋、带壳豌豆等时新特色菜肴，寓意柱心、柱腿、柱眼。注意：蛋吃双，笋成对，豌豆多少随意。

夏季养心，为养生第一要务。

民间相传，立夏，吃蛋柱心。因为蛋形如心，人们认为，吃了蛋，就能养心，使心气不受亏损，称为柱心。

竹笋，寓人双腿，能像春笋那样健壮有力，跋涉远路，寓意柱腿。

带壳豌豆，形如眼睛。为了消除眼疾，立夏吃豌豆，祈祷一年眼睛无疾，像新鲜豌豆那样清澈，称为柱眼。

炎夏"称人"

立夏，吃罢中饭，有称人的习俗。

人们在村口，或者台门里，挂起一杆大木秤。秤钩，悬一张凳子，大家轮流坐到凳子上面称人。

司秤人，一面打秤花，一面讲着吉利话：

《雍正十二月行乐图轴·六月纳凉》
纵 188.2 厘米，横 102.2 厘米。
这幅画描绘的正是宫苑众人在湖边楼阁观景纳凉的场景。

称老人，说“秤花八十七，活到九十一”。

称姑娘，说“一百〇五斤，员外人家找上门。勿肯勿肯偏勿肯，状元公子有缘分”。

称小孩，说“秤花一打二十三，小官人长大会出山。七品县官勿犯难，三公九卿也好攀”。

打秤花，只能里打出，即从小数打到大数，不能外打里。

民间相传，立夏称人，与诸葛亮、孟获、刘阿斗有关。

据说，诸葛亮收服孟获，孟获归顺蜀国，对诸葛亮言听计从。诸葛亮临终时，嘱托孟获，每年要来蜀国，看望蜀主一次。诸葛亮嘱托之日，正好是这年的立夏，孟获当即去拜阿斗。从此以后，每年夏日，孟获都来蜀拜望。

过了数年，晋武帝司马炎灭掉蜀国，掳走阿斗。可是，孟获不忘丞相嘱托，每年立夏，依然带兵前往洛阳，看望阿斗。每次去，孟获都要称阿斗的重量，以验证阿斗是否被晋武帝亏待。他扬言，如果亏待阿斗，就要起兵反晋。

晋武帝为了迁就孟获，吩咐每年立夏，用糯米加豌豆，煮成中饭，给阿斗吃。阿斗见豌豆糯米饭又糯又香，就加倍吃下。孟获进城称人，每次都比上年重几斤。虽然阿斗无能，但是，有孟获立夏称人之举，晋武帝也不敢欺侮他，福寿双全。

这一传说，与史实有异。但是，百姓希望，立夏称人，能够带来“清静安乐，福寿双全”。

夏季养生

夏季，天气炎热，万物生机勃勃，生长旺盛。

人体阳气升腾，生命运行处于最为旺盛的状态：身体新陈代谢，进入一年中的最佳时期；身体阳气外发，伏阴于内，气血运行进入旺盛阶段，活跃于机体表面。

夏天，天气干燥，气候炽热，人们的日常生活，必须适应节令，调节饮食：“干燥”，以“清新”克之；“炽热”，以“温凉”驱之，清燥解热，夏

《诸葛亮像》 近代 张大千

季养生之要。

夏季养生，主要包括：

夏季，人体阳气外发，饮食方面须注意收发，注意养心。按照节令，顺应天时、地利，调节人和，应季合理饮食：吃应季蔬菜、瓜果，清淡饮食；绿叶菜，鲜竹笋，清炒拍蒜，清新可口；绿黄瓜，红草莓，清水洗净，温凉去热。

夏季养心，须充足休息，合理起居，谨防肺虚肾亏；生机旺盛，晚上不能睡觉太晚，早上不能起床太晚。

宫廷饮食

明清时代，夏令时节，宫廷美食，讲究养生：

四月初四，宫眷内臣，换穿宫廷纱衣。

皇帝体恤文武百官，立夏时节，皇帝赏赐京官宫廷扇柄。

皇宫大院，百花争艳，牡丹盛开。从皇帝到太后、皇后、嫔妃，各宫各室，纷纷设席，进食夏令御膳，品尝应季美味佳肴，喝内府制作的琼浆玉液，观赏芍药、牡丹。

四月初八，宫中进食“不落夹”。“不落夹”，就是用苇叶方包糯米，长三四寸，阔一寸，夹着五花肉、红枣，滋味鲜美。

春暖花开，樱桃灿烂，红艳艳的果实，分外诱人。宫廷之中，设戗金花桌，用精美的十二花神瓷器，摆满鲜红娇嫩的樱桃，竞吃时鲜。

宫中品尝樱桃，是品尝新一年水果新味的开始。

四月，宫中主子，尚吃笋鸡——鲜嫩竹笋，翻炒鸡丝；爱吃白煮猪肉，白水清煮，胫脖肉蘸宫廷肉酱，非常可口。

各宫各室，比做美味可口的包儿饭，争奇斗艳：新杀肥猪，选出各样精肉、肥肉；姜、蒜、葱，剁成豆子大小；加酱翻炒，精工制作，拌着米饭；最后，用莴苣嫩叶包裹，慢慢进食，妙不可言。

宫室之中，用甘甜井水，自造甜酱豆豉，用于调理饮食美味。

宫中主子，饮宫廷白酒，吃冰水酪，吃冰镇糕。

《果品图册》 近代 丁辅之

此册《果品图册》十二开。

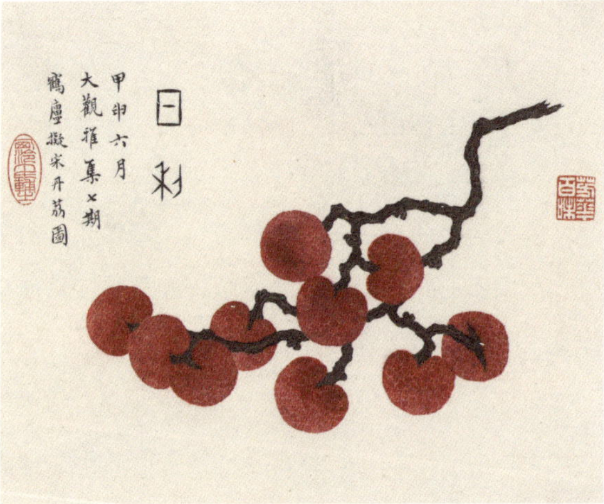

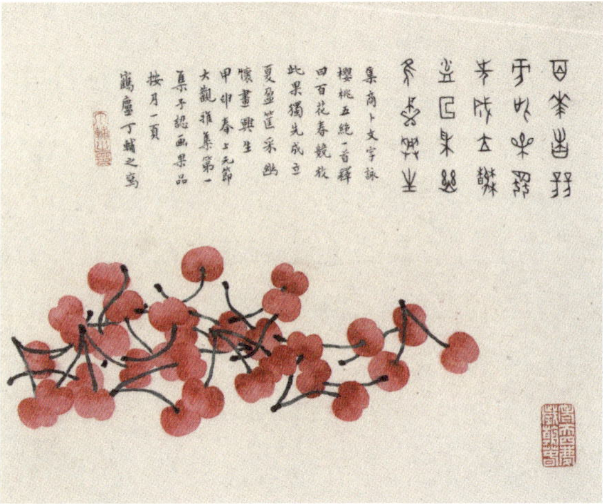

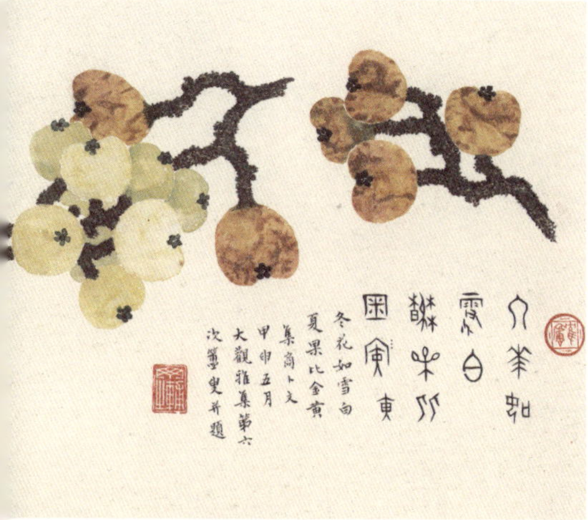
冬花如雪白
夏果比金黄
集商卜文
甲申五月
大觀雅集第六
次篁叟并題

大觀雅集第八期 甲申七月 古杭丁輔之

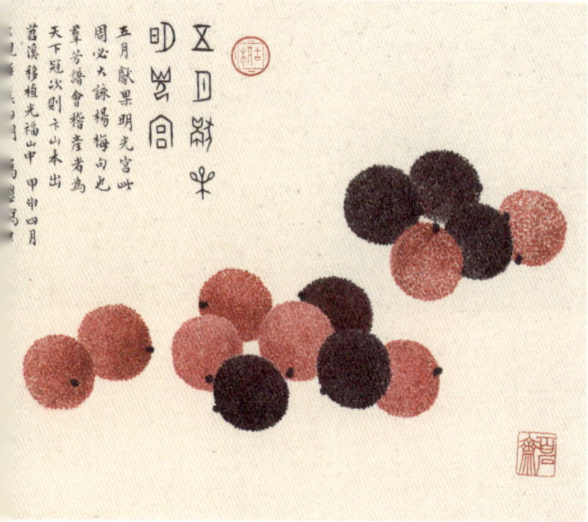
五月獻果明光宮此
周必大詠楊梅句也
羣芳譜會稽產者為
天下冠次則卞山木出
苕溪移植光福山中 甲申四月

大觀雅集甲申三月第三集 古杭篁叟丁輔之寫 時年六十六

大吉
甲申十二月
丁輔之寫
大吉圖頌
大觀雅集
同人年年大吉
時第十三次
會期

星編珠聚 甲申八月
大觀雅集九次鶴廬寫生

《消夏图》 清 顾见龙 王时敏

纵 31.5 厘米，横 201 厘米。此图表现楼台亭阁、园中幽居的情趣。描绘的昇炎炎夏日，古人常临池而坐，水榭楼台，幽居避暑，享受清凉的场面。

麦子抽穗，新麦上市。南方丰收在望，地方长官进贡最新最好的麦子进宫。

宫中大厨，取新麦穗，煮熟，剥掉芒壳，磨成细条，煮熟调味，慢慢进食，滋味绵长，美味可口，称为“稔转”。

宫廷进食“稔转”，是品尝一年五谷新味的开始。

五月初一至十三日，宫眷内臣，开始换穿一种特殊宫廷衣服：五毒艾虎补子蟒衣。

五月，各种毒气上升，人称毒月。毒气，容易侵染肌体。

宫廷之中，各宫各室，大门两旁，安菖蒲，放艾盆，驱除邪气。

宫廷各大宫室大门之上，悬挂吊屏，上面画天师、仙子、仙女，手执法器、宝剑，降伏五毒。

端午节

春节、清明节、端午节、中秋节，是中国四大传统节日。

端午节，又称端阳节、龙舟节、重午节、龙节、正阳节、天中节等；节日时间，是农历五月初五。

端午节，源于中国古人的天象崇拜，从上古时代祭龙演变而来。

仲夏端午，苍龙七宿，飞升至正南中天，正是龙飞在天之日。

《易经·乾卦》第五爻爻辞：“飞龙在天。”

端午之日，龙星得中、得正，大吉大利之象。

端，开始、开端、初始之意；端五，又称初五。

东汉许慎《说文解字》称：“端，物初生之题也。”意思是，端为初生、初始之意。

最早记载“端午”一词的史书，是西晋《风土记》：“仲夏，端午，谓五月五日也。俗重此日也，与夏至同。”

中国古人，习惯把五月前几天，分别以端称呼。因此，五（午）月第一个午日，谓之端午。五月初五，称为端五节。

屈原像 清 任熊

纵22厘米，横26厘米。屈原，战国时期楚国政治家、爱国诗人。

《岁时广记》记载：“京师市尘人，以五月初一为端一，初二为端二，数以至五，谓之端五。”

端午节，名称众多，达二十余个，包括：天中节、龙舟节、重午节、端阳节、端五节、重五节、当五汛、夏节、艾节、五月节、菖蒲节、天医节、草药节、浴兰节、女儿节、午日节、地腊节、正阳节、龙日节、粽子节、五黄节、诗人节、屈原日、躲午节、解粽节、端礼节、五月初五、五月当午等。

五月初五，正是夏至前后。这时，太阳直射点位于北回归线；一年中，太阳处于天空最当中的位置，因此，又称天中节。

明代田汝成《西湖游览志余·卷二十·熙朝乐事》记载：“端午，为天中节，是因为午日太阳行至中天，达到最高点，午时尤然。”

端午之日，是龙的节日，人们祭龙，扒龙舟，赛龙船。

端午之日，时值仲夏，邪毒之气蔓延，是瘟疫、皮肤病多发季节；端午之日，草木药性最强之日，人们采集中草药，治病抗疫，驱除邪气，非常灵验。于是，端午日采草药，煲水沐浴，相沿成俗，人称浴兰节。

《端阳故事图》册 清 徐扬

共八开，每开纵 20.7 厘米，横 18.2 厘米。此图册描绘的是端阳节期间的风俗活动。

《射粉团》，字：“射粉团，唐宫中造粉团角黍饤盘中，以小弓射之，中者得食。”

《赐枭羹》，字：“汉令郡国贡枭为羹赐官以恶鸟，故食之。”

《裹角黍》，字：“以菰叶裹黏米为角黍取阴阳包裹之义，以赞时也。”

《采药草》，字：“五日午时蓄采众药治病，最效验。”

《悬艾人》，字：“荆楚风俗以艾为人悬门户上，以禳毒气。”

《养鸲鹆》，字：“取鸲鹆儿毛羽新成者去舌尖，养之皆善语。”

《观竞渡》，字：“观竞渡，聚众临流称为龙舟盛会。”

《系采丝》，字：“系采丝，以五色丝系臂，谓之长命缕。”

汉代时，《大戴礼记》记载：“（五月）午日，以兰汤沐浴。”

中国古人发现，菖蒲、艾草等中草药，有避邪驱疫的功效。端午之日，阳气最旺，菖蒲、艾草长势最盛。每年端午，人们在门上悬挂菖蒲、艾草，避邪驱疫，称为菖蒲节、艾草节。

明沈榜《宛署杂记》：“五月，女儿节，系端午索，戴艾叶、五毒灵符。宛俗，自五月初一至初五日，饰小闺女，尽态极妍。出嫁女，亦各归宁，因呼为女儿节。”

道教，将全年分为五腊：正月初一，天腊；五月初五，地腊，称地腊节。

道经《天皇至道太清玉册》《云笈七签》记载：“五月初五，名地腊，五帝攒会之日。此日，五帝会于南方三炁丹天，查生人祖考，及见世子孙所行善恶，以定罪福，校定生人官爵。”

道教认为，一年之中，几个腊日都是良辰吉日，适合祭祀祖先、诸神，以获得福佑。

端午节的主要活动，是吃粽子、赛龙舟。

粽子，投入江河之中，祭祀龙神。

赛龙舟，就是龙船竞渡。人们断发文身，以像龙子。端午之日，举行盛大图腾祭祀，祭祀活动的高潮，就是赛龙舟。

人们一身艳装，急鼓敲响；制造精美的独木舟，舟身上，刻画成龙形；分队划龙舟竞渡，祭祀龙神，热火朝天。

《河图》记载：“五龙见教，天皇被迹。”荣氏注解：“五龙，治在五方，为五方神。”《春秋命历序》称：“（五龙）父子，分治五方。”

中国古代，以龙为图腾，四支族四龙，各治一方；团族一龙，为中央共主。所以，团龙至尊，五龙分治五方。赛龙舟，就是祭祀龙祖。

据《史记·屈原贾生列传》记载，屈原（约公元前339—约公元前278年），战国末期楚国丹阳（今湖北宜昌秭归）人，是春秋时期楚怀王时期大臣。屈原，名平，字原，原姓芈，不姓屈。屈原博学多才，倡导举贤使能，富国强兵，力主联齐抗秦；屈原爱国，遭到贵族子兰等人的强烈反对，结果，屈原遭谗去职，被赶出都城，流放到沅、湘流域。

屈原于流放途中，依然忧国忧民，写下了大量杰作，包括：《离骚》《天问》《九歌》等诗篇。公元前278年，秦军席卷而来，攻破楚国都城。屈原眼看故国国破家亡，心如刀割。他始终不忍舍弃自己的祖国，满怀悲愤，于五月五日，写下绝笔之作《怀沙》之后，抱石投汨罗江自尽，用悲壮的生命之歌，谱写了一曲壮丽的爱国主义乐章。

屈原投江之后，当地百姓闻讯，十分哀伤，悲痛欲绝，纷纷划船，前往江上捞救。江水滔滔，东流不绝，一切化为乌有。为了寄托哀思，每年五月五日，人们荡舟江河之上，纪念屈原，后来，渐渐衍化为龙舟竞赛。人们怀念屈原，担心江河之中的鱼鳖吃掉他的身体，纷纷回家拿来米团，投入江中，以免鱼鳖无情无义，糟蹋屈原的尸体，后来，就衍化成吃粽子之俗。

查阅文献，最早记载端午节纪念屈原者，是南北朝时期南梁吴均，他在神话志怪小说《续齐谐记》中记载，此时，屈原已去世七百五十余年。

端午节，五月五日，纪念春秋时期伍子胥，是第二个版本。

伍子胥，名员，楚国人，父兄均为楚平王所杀。伍子胥历尽艰辛，投奔吴国，助吴王伐楚，五战而胜，进入楚都郢城。当时，楚平王已死。伍子胥掘楚平王墓，鞭尸三百，以报杀父兄之仇。吴王阖闾死后，其子夫差继位，南征北战。吴军士气高昂，百战百胜。强邻越国大败，越王勾践被迫请和，夫差许之。

伍子胥忧心忡忡，主张彻底消灭越国。吴王夫差不听，冷落伍子胥。吴国太宰，受越国贿赂，谗言陷害伍子胥。夫差信之，赐子胥宝剑。伍子胥是忠良之臣，视死如归，悲愤填膺。赴死之前，他对邻舍人说："我死后，将我眼睛挖出，悬挂在吴京东门上，以看越国军队入城灭吴！"说罢，自刎而死。

吴王夫差闻言，勃然大怒，下令取伍子胥尸体，装在皮革之中，五月五日，投入大江！

汉代时，中国北方人认为，五月五日是"恶月恶日"，有"不举五月子""五月到官，至免不迁""五月盖屋，令人头秃"之说。

"不举五月子"，意思是，五月五日所生婴儿，无论是男是女，都不能抚养成人，一旦抚养，则男害父、女害母。

五月五日，是"恶月恶日"，应该避五毒、躲端午。这一风俗，大约盛行于秦汉时期。东汉王充《论衡》、应劭《风俗通》、班固《汉书》等史书，都有记载。

东汉科学家王充，在《论衡》书中，阐述“五月五日生子不举”之说：“夫正月岁始，五月盛阳，子以（此月）生，精炽热烈，厌胜父母，父母不堪，将受其患。”

一种观点认为，端午节，源于夏至。

《荆楚岁时记》，南北朝梁宗懔著，是记录中国古代楚地岁时节令的笔记体文集。书中，没有提到五月初五吃粽子，夏至节时，才写吃粽子。

隋代时，杜台卿著《玉烛宝典》，龙舟竞渡，是夏至日的娱乐活动。

端午节，有踏百草、斗百草、采杂药等活动，和屈原没有关系。

端午节源于夏至：“日叶正阳，时当中。”即端午节正是夏季之中，故端午节，又可称为天中节。

西汉经学家戴圣，编纂《礼记》，称为大戴《礼记》。书中称周代之时，有“蓄兰沐浴”之俗：五月，采摘兰草，以兰草为汤沐浴，除毒。

《大戴礼记·夏小正》记载：“五月……煮梅，为豆实也；蓄兰，为沐浴也。”

屈原在《九歌·云中君》中写道：“浴兰汤兮沐芳，华采衣兮若英。”

南北朝梁宗懔所著《荆楚岁时记》中称：“五月五日，谓之浴兰节。”

端午节，谚语：

> 粽子香，香厨房；艾叶香，香满堂；
> 桃枝插在大门上，出门一望麦儿黄；
> 这儿端阳，那儿端阳，处处都端阳。
> 清明插柳，端午插艾。
> 端午不戴艾，死去变妖怪。
> 未吃端午粽，寒衣不可送；吃了端午粽，还要冻三冻。

根据阴阳术数之说：午为阳，重午为至阳；斗指正南，卦象为离，天干丙丁，地支曰午，五行属火，时在仲夏；其时，万物生长，其势盛极。

夏季，阴阳二气相争——阳动于上，阴迫于下；五月午月，纯阳之月；纯阳正气，天地阴邪所惧。

古人认为，端午日，午时，三午相重，为极阳时分，最能辟阴驱邪。

端午之日，天地纯阳正气汇聚，万物最盛，草药最强，最利辟阴驱邪。因此，端午正午，采集草药，祛病防疫，最为灵验。

如果端午日正逢夏至，是大吉之年，称为龙花会。

“艾”，人称家艾、艾蒿。其茎、叶含有挥发性芳香油，散发奇香，可驱蚊蝇虫蚁。菖蒲叶，含有挥发性芳香油，散发香味，能提神通窍、健骨消滞、杀虫灭菌。

南北朝梁宗懔在《荆楚岁时记》中记载：“鸡未鸣时，采艾似人形者，揽而取之，收以灸病，甚验。是日，采艾为人形，悬于户上，可禳毒气。”

《荆楚岁时记》记载：“五月五日，竞采杂药，可治百病。”

洗草药水，最早的文字记载，是西汉末年大戴《礼记》：文中之“兰”，不是兰花，而是菊科的佩兰，草药，有香气，可煎水沐浴。

五方五行，配五色——青、红、白、黑、黄，视为吉祥。

端午节，在孩子手腕脚腕上，系五色丝线，能够驱邪：青红黄白黑，五色粗丝线，搓成彩色线绳，系在小孩手臂、颈项、脚腕上；五月五日开始系起，直至七夕，七娘妈生日，才解下来，连同金楮，一起焚烧。

或者，端午节后，第一个雨天，把五彩线剪下，扔在雨中，寓意：让河水将瘟疫、疾病冲走，祛邪禳灾，一年好运。

东汉王充在《论衡》中记载：端午节，铸阳燧。“阳燧，取火于天，于五月丙午日中之时，消炼五石，铸以为器。摩励生光，仰以向日，则火来至，此取真火之道也。”

午月午日午时，具三重之火，阳气极盛。此时此刻，以火克金，是最佳熔金铸镜时刻。铸成之镜，有不可思议之神力，能够避邪。

端午节，妇女头饰，时兴佩豆娘。

《清嘉录》引《唐宋遗纪》记载：“江淮南北，五日，钗头彩胜之制，备极奇巧……加以幡幢宝盖，绣球繁缨，钟铃百状，或贯以串，名曰豆娘，不可胜纪。”

端午节，有在午饭后贴午时符的习俗——符宽约一寸，长约一尺，黄纸条，其上，用朱砂书写“五月五日午时书，官非口舌疾病蛇虫鼠蚁皆消除”等字。同时大门上，悬挂菖蒲、凤尾、艾叶等，扎一束蒜头，涂以朱砂，避邪驱疫。

门上，贴黄纸对联：艾旗迎百福，蒲剑斩千邪。

端午节，用雄黄酒，在小儿额头上，画“王”字，雄黄驱毒，猛虎镇邪。

山西《河曲县志》记载：“端午，饮雄黄酒，用涂小儿额，及两手、足心……谓可祛病延年。”

端午节，熏苍术，消毒驱疫：天然苍术，袅袅薄烟，散发清香，驱蚊提神，令人神清气爽。

宫中端午节

隋唐宫廷，端午节时，演变出各种娱乐活动。

唐代诗人文秀，写《端午》诗：

> 节分端午自谁言，万古传闻为屈原。
> 堪笑楚江空渺渺，不能洗得直臣冤。

唐代诗人和凝《宫词百首》：

> 绣额朱门插艾人，羞将角黍近香唇。
> 平明朝下夸宣赐，五色香丝系臂新！

唐玄宗李隆基（685—762），写《端午三殿宴群臣探得神字诗序》记载：端午日，召来臣僚，大张筵席，“广殿肃而清气生，列树深而长风至”。诗云：

> 五月符天数，五音调夏钧。
> 旧来传五日，无事不称神。
> 穴枕通灵气，长丝续命人。
> 四时花竞巧，九子粽争新。
> 方殿临华节，圆宫宴雅臣。

《午瑞图》 清 郎世宁

纵 140 厘米，下横 84 厘米，北京故宫博物院藏。这幅作品类似于西方的油画静物作品。画面的主体物是花瓶以及花果等。插有众多花枝的花瓶伫立于画正中央，花瓶的左下角绘一盘水果，右上角绘几枚粽子。整幅画面，近中远景分明，三角构图有一种稳妥感，而画面的色彩明暗变化明显，使画中物体呈现出逼真的效果。值得一提的是，作者对花瓶塑造时，借助西洋绘画法，运用了明显的高光提亮技法，使花瓶的立体感油然而生。

《缂丝龙舟竞渡图》 清

纵88.9厘米，横119.4厘米，厚3.8厘米。这幅缂丝作品描绘的正是端午时节，百姓在湖中举行龙舟比赛的热闹情景。赛龙舟以南方为主，是中国从古到今端午节的一个重要习俗，也是南方地区必备的一个民俗活动。

进对一言重，遒文六义陈。

股肱良足咏，风化可还淳。

北宋文豪欧阳修《渔家傲》：

五月榴花娇艳烘，绿杨带雨垂垂重。五色新丝缠角粽，金盘送。生绡画扇盘双凤。

正是浴兰时节动，菖蒲酒美清尊共。叶里黄鹂时一弄，犹瞢忪。等闲惊破纱窗梦。

北宋词豪苏轼《浣溪沙》：

轻汗微微透碧纨，明朝端午浴芳兰。流香涨腻满晴川。

彩线轻缠红玉臂，小符斜挂绿云鬟。佳人相见一千年。

宫廷美食

五月初五，吃应夏美食，喝朱砂酒、雄黄酒、菖蒲酒；宫廷上下，吃各种各样精美粽子；吃温淘面，加蒜，过水，味道极美。

夏至伏日，宫中主子，戴蓖麻子叶，吃长命菜。长命菜，就是马齿菜、马齿苋，时鲜之物，十分鲜美。

六月，宫中众人，吃过水面。尤其是初伏、中伏、末伏之日，宫中必吃这种过水面。

六月份，莲藕长出新芽。地方官，进贡新嫩莲藕秧。

新藕秧采进宫中，吃法很多，因十分鲜嫩，爱称为银苗菜。

初伏日，宫中大厨，讲究造曲：用适量白面，以绿豆、黄豆加料，和成晾晒。

立秋

立秋，是二十四节气中的第十三个节气。

这时，北斗星斗柄指向西南。每年八月七日左右，立秋。

立秋，是秋天的第一个节气，也是秋天的开始。

秋季，从立秋开始，到立冬结束。进入秋季，处于一年的重要转折点：温度、湿度渐渐下降，雨水、风暴渐渐减少；世间万物，从繁茂成长趋向茁壮成熟。

初秋期间，天气依然闷热。

所谓“热在三伏、秋后一伏”，就是指立秋之后，至少有一伏左右的酷热天气。

按照三伏之说，立秋之日，正处于中伏期间。白露节气之后，天气才真正开始凉爽。

秋季，下百暑热、凉寒交替之季。

进入秋季，气候逐渐从夏季的多雨湿热，渐渐过渡到秋季的少雨干燥。

自然界中，秋季时节，阴阳之气开始发生转变：阳气渐衰，阴气渐生。世间万物，随着阳气下沉、阴气上升而逐渐成熟萧落。

秋季，草木树叶，从繁茂的绿色渐渐变红、发黄。秋风一起，落叶纷纷；各种庄稼，进入成熟阶段，硕果累累。

立秋，是中国古代重要的四时八节之一，讲究祭祀土地神，庆祝丰收。

立秋，分为三候，每五天，为一候：一候，凉风至；二候，白露生；三候，寒蝉鸣。

凉风至：秋风起，感觉凉爽。

白露生：早晨时，雾气产生。

寒蝉鸣：秋天时，寒蝉鸣叫。

立秋，七月节。立字解见春。

秋，揪也，物于此而揪敛也。

宫中报秋

宋代时，立秋之日，宫中侍者，将栽在盆里的梧桐移入殿内。

皇帝衣冠整齐，守候在梧桐树旁边。立秋时辰一到，太史官高声进奏："秋来了！"奏毕，梧桐应声落下一两片叶子，以寓报秋。

立秋节

立秋，表示秋天开始，草木成熟，结果孕子，收获果实。

中国各地，立秋之日，祭祀土地神，庆祝丰收。

南方，有立秋啃秋瓜之俗：入秋之日，多吃西瓜，以防秋燥。

据民国时期出版的《首都志》记载："立秋前一日，食西瓜，谓之啃秋。"

社日节，又称土地诞，是中国的传统节日，分为春社和秋社。

社日节，人们祭社，祭祀土地神。中国古时，称土地神和祭祀土地神之地为"社"。秋天，人们立社祭祀，祈求、酬报土地神。

立秋，称为"啃秋""咬秋"。

天津，立秋之日，吃西瓜、香瓜，称为"咬秋"，寓意炎炎夏日，酷热难熬，时逢立秋，将其咬住。

江苏，立秋之日，吃西瓜，称"咬秋"，可以不生秋痱子。

浙江，立秋之日，取西瓜和烧酒同食，可以防疟疾。

"躺秋"，又称"卧秋""睡秋"。

江淮地区，立秋之日，人们选择一个阴凉之地躺着，表示夏天即将过去，天气转凉，可以好好安睡；夏天，容易夏瘦，秋天到了，多躺一躺，有利于长秋膘。

立秋，关乎丰收，农事至重。

中国古代社会，十分重视立秋节。

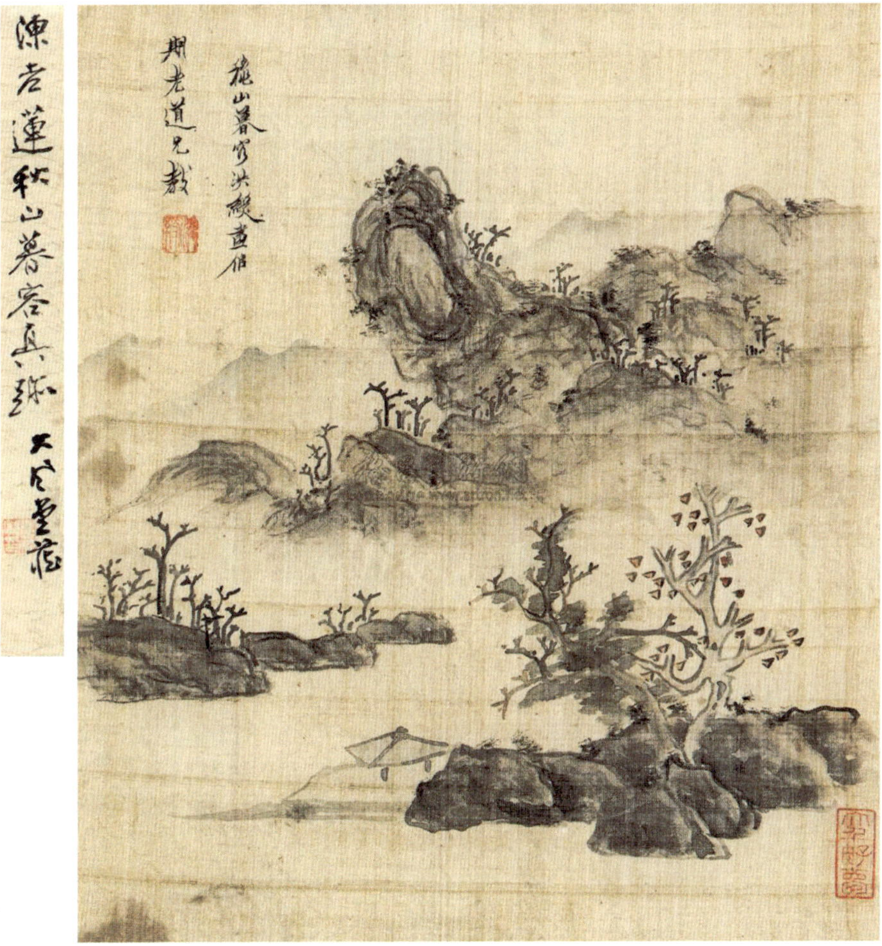

《秋山暮容》 明 陈洪绶

画中山水缥缈，树干早已不见了昔日的枝叶繁茂，已然是秋天了。

登場
禾黍已登場稍覺農事優黃雲滿頁
架白水空西疇用此可卒歲願言免
秋太平本無象村舍炊烟浮

舂
推挽人摩肩輾轉石礪齒殼床作舂
雷旋風落雲子有如布山川培塿執相
詩前時斗量珠滿眼儂有此

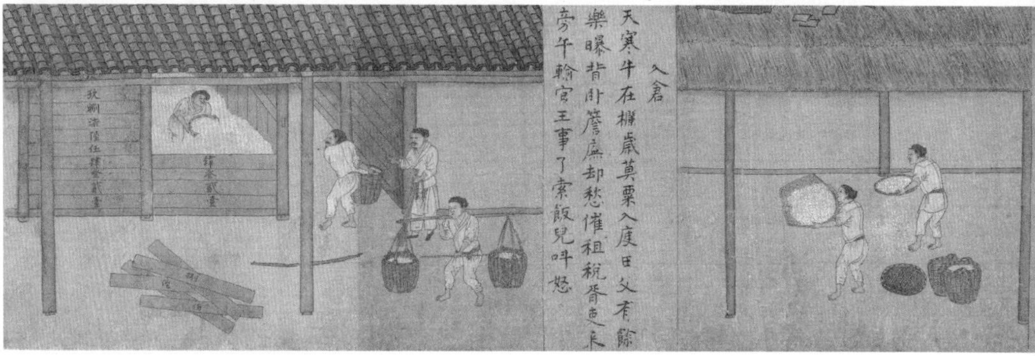
入倉
天寒牛在欄歲莫粟入庾田父有餘
樂曝背臥簷廡却愁催租稅胥吏夜
旁午輸官王事了索飯兒叫怒

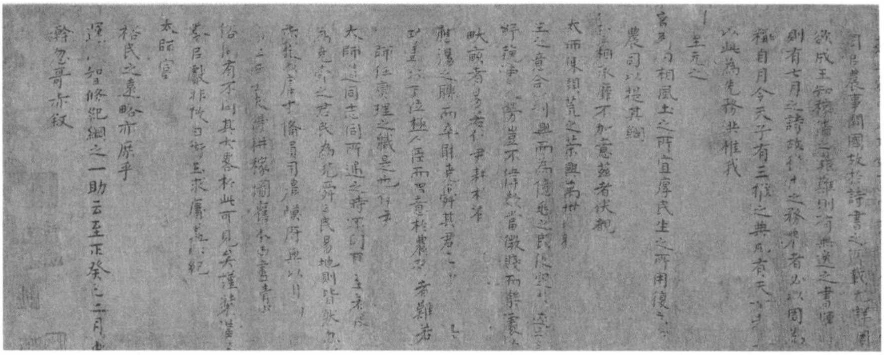

丁丑七月 八十五叟

《耕稼图卷》 元 佚名

秋季，正是百姓收获的季节。这幅耕稼图卷描绘的就是农民耕种情形，从一开始的犁地到后来的插秧、收获再到簸扬、入仓等一套耕作流程。

《秋树图》 明 陈洪绶

此画重点表现的是郊外山间一两棵树木，虽然树上还尚有枝叶，但有些枝干上却是光秃秃一片了。通过画中树木可知，绘画的背景是在秋季。

古人认为，如果立秋之日，天气晴朗，必定风调雨顺，可以坐等丰收。立秋早晚，至关重要。

谚语称：

七月秋，样样收；六月秋，样样丢。

立秋有雨样样收，立秋无雨人人忧；立秋无雨是空秋，万物历来一半收。

秋不凉，籽不黄；立秋十天遍地黄；立秋十八天，寸草皆结顶。

立夏栽茄子，立秋吃茄子；立秋荞麦白露花，寒露荞麦收到家。

立秋摘花椒，白露打胡桃，霜降摘柿子，立冬打软枣。

七月立秋慢悠悠，六月立秋快加油；立秋拿住手，还收三五斗。

头伏芝麻二伏豆，晚粟种到立秋后；立秋种芝麻，老死不开花。

宋代刘翰《立秋》：

乳鸦啼散玉屏空，一枕新凉一扇风。

睡起秋声无觅处，满阶梧桐月明中。

立秋养生

大暑之后，就是立秋。秋天，肃杀之季。

中国古代历书称："斗指西南，维为立秋。阴意出地，始杀万物，按秋训示，谷熟也。"

谚语称："立秋之日，凉风至。"

立秋，意思是凉爽秋季的开始。严格地说，立秋前后，依然是夏天，中国的很多地区，仍处于闷热气候之中，人称"秋老虎"。

《管子》一书，称："秋者，阴气始下，故万物收。"

秋天，最大的特点，是收。

秋季养生，集中精力，重点在收；人体五脏，秋日养肺。

《素问·四气调神大论》称："夫四时阴阳者，万物之根本也。所以，圣人春夏养阳，秋冬养阴，以从其根，故与万物沉浮于生长之门，逆其根则伐其本，坏其真矣。"

四时调摄，主要宗旨在于，春夏养阳，秋冬养阴。人们生活在世间，应当顺应四时，按季养生，适合春生、夏长、秋收、冬藏的自然规律，才能有益于健康，才能延年益寿。

立秋，标志着阳气渐收，阴气渐长，阴阳方面，由阳盛逐渐转变为阴盛；天地万物，由生长进入成熟季节；人体阴阳，转入阳消阴长时期。

秋季，万物成熟，硕果累累。气候萧瑟，天高气爽。西风起兮，地气清朗。

人体生机收发，应当早睡早起，闻鸡起舞，加强锻炼；精气内守，不骄不躁。

秋日萧瑟，平和处之；气不外泄，守静清淡。

秋天养肺，收敛内守，以收为主，肺气清平；如果相反，外泄发散，肺气受伤，入冬以后，就会衍成腹泻痼疾，很难治愈。

肺腑，是人体的重要器官，负责呼吸；肺腑，是人体真气之源；肺气盛衰，决定寿命长短。

秋季，天干物燥，人们经常感觉不适，鼻子干燥，咽喉疼痛，容易伤肺。

秋季饮食，注重养肺，多吃滋阴润肺、去燥养血食物：

菠菜、莲藕、燕窝、鲜鱼、龟鳖、乌鸡、猪肺、鸡蛋、鸭蛋、糯米、银耳、豆浆、核桃、甘蔗、蜂蜜、橄榄、饴糖、芝麻。

秋季，是肠胃疾病的高发时期：

立秋以后，天气渐凉，昼夜温差很大，容易着凉腹泻；蚊虫苍蝇，依然活力四射，人如果吃了不洁食物，就会肠胃感染，导致腹泻；秋天果实累累，食物丰硕，暴食暴饮，容易造成肠胃功能紊乱。

秋季，健康养生，重在养肺养胃。

立秋时节，宫廷生活丰富多彩。

立秋之日，宫中主子，讲究头戴桃叶，吃莲蓬，吃莲藕。

明穆宗喜欢美食，立秋之日，喜爱喝鲜莲子汤，喜爱吃鲜西瓜籽种加盐焙炒，香脆可口。

七夕节

七夕节，又称七巧节、七姐节、女儿节、乞巧节、七娘会、七夕祭、牛公牛婆日、巧夕等，是中国的传统节日。

七夕节，古代称为七姐诞，七月七日夜晚，拜祭七姐，故称七夕。

拜七姐，祈福许愿，乞求巧艺；坐看牵牛织女星，祈祷姻缘；储七夕水，祈祷幸福。

七夕节，始于西汉，盛于宋代。

中国古代星宿之中，牛宿，由六颗星组成，位于银河东岸，呈两个倒置三角形。上面的三角形，更大更亮；下面的小三角形，组成一头牛，头上有两角，有三只足，人称牵牛。牵牛南边，有九颗小星，组成天田，是耕作之地；再向南，接近南方地平线，是九星，称为九坎，坎是蓄水之地；东面，三星，称为罗堰；牛宿北部，三星，称为织女——织女一星，是全天第五亮星，仅次于大角星，人称织女星。牛宿星、织女星，合称牛郎织女星。

人们崇拜牛郎、织女，由来已久，可追溯到远古时代。

《春秋命历序》记载："天地开辟，万物浑浑，无知无识；阴阳所凭……日月五纬俱起牵牛；四万五千年，日月五纬一轮转……定天之象，法地之仪，作干支以定日月度。"

织女是中国神话中的女神，人称七姐、天仙娘娘、七星娘娘、七娘妈等，是编织云彩、纺织业者、情侣、妇女、儿童的保护神。七月七日，是女神的诞辰日。

相传，每年七月初七，牛郎、织女，会于天上鹊桥。

七夕，月逢七、日逢七，吉日。

古代，人们把日、月和水、火、木、金、土五大行星合在一起，称为"七曜"。

《易传》："日、月、五星，起于牵牛。"

《汉书·天文志》："牵牛，日、月、五星所从起，历数之元，三正之始。"

中国古代，将正月正、二月二、三月三、五月五、六月六、七月七、九月

《七夕图》

七夕节，又称女儿节、乞巧节等，是中国传统节日。

九，七重日，称为吉庆日。

重日，天地交感，天人相通。

七姐诞，又称七娘会、七娘妈诞等。

七姐，负责编织云彩、纺织。主要活动包括：祈福许愿、乞求巧艺、祈祷姻缘、保护平安等。

祭拜七姐：设立香案，七月初七日，傍晚时分，开始祭拜，向七姐祈福、乞巧，祈求心灵手巧、婚姻幸福、家庭美满。

七姐诞乞巧，最早见于汉代著作。

西汉刘歆著、东晋葛洪辑抄之笔记《西京杂记》记载：“汉彩女，常以七月七日，穿七孔针于开襟楼，人俱习之。”

七十七，是人之生命周期。

《黄帝内经·素问·上古天真论》记载：“男不过尽八八，女不过尽七七，而天地之精气皆竭矣。”意思是：男子，以八岁为一个周期。女子，以七岁为一个周期。女子，七岁，肾气盛，换牙齿，头发变长。二七，十四岁，天癸至，任脉通。天癸，是肾精。任督二脉，为一身阴阳之海，五气贞元。女子，二七，来月经，可以生子。三七，肾气平，牙齿长齐，发育成熟。四七，筋骨坚，头发长，身体壮，处于极盛。五七，阳明脉衰，面容开始焦黄，头发开始脱落。六七，三阳脉衰于上，面皆焦，发始白。七七，任脉虚，太冲脉衰，天癸竭，地道不通，故形坏而无子也，一个生命周期结束。

《周易·复卦》记载："反复其道，七日来复，天行也。"孔颖达疏解："天之阳气绝灭之后，不过七日，阳气复生，此乃天之自然之理，故曰天行。"

来复，来而复生。七七四十九日，魂魄散尽，魂魄丰满。

兰夜之诗

农历七月，古称兰月，七夕，又称兰夜。

《迢迢牵牛星》（汉）佚名

迢迢牵牛星，皎皎河汉女。
纤纤擢素手，札札弄机杼。
终日不成章，泣涕零如雨。
河汉清且浅，相去复几许。
盈盈一水间，脉脉不得语。

《七夕》（唐）杜牧

云阶月地一相过，未抵经年别恨多。
最恨明朝洗车雨，不教回脚渡天河。

《秋夕》（唐）杜牧

银烛秋光冷画屏，轻罗小扇扑流萤。

天阶夜色凉如水，坐看牵牛织女星。

《行香子·七夕》（宋）李清照

草际鸣蛩，惊落梧桐，正人间、天上愁浓。
云阶月地，关锁千重。
纵浮槎来，浮槎去，不相逢。
星桥鹊驾，经年才见，想离情、别恨难穷。
牵牛织女，莫是离中。
甚霎儿晴，霎儿雨，霎儿风。

《鹊桥仙》（宋）秦观

纤云弄巧，飞星传恨，银汉迢迢暗度。
金风玉露一相逢，便胜却人间无数。
柔情似水，佳期如梦，忍顾鹊桥归路！
两情若是久长时，又岂在朝朝暮暮！

《七夕醉答君东》（明）汤显祖

玉名堂开春翠屏，新词传唱《牡丹亭》。
伤心拍遍无人会，自掐檀痕教小伶。

《韩庄闸舟中七夕》（清）姚燮

木兰桨子藕花乡，唱罢厅红晚气凉。
烟外柳丝湖外水，山眉澹碧月眉黄。

歌谣

乞手巧，乞貌巧；乞心通，乞颜容；
乞我爹娘千百岁；乞我姊妹千万年。

天皇皇地皇皇，俺请七姐姐下天堂。
不图你的针，不图你的线，
光学你的七十二样好手段。

巧芽芽，生得怪。盆盆生，手中盖。
七月七日摘下来，姐姐妹妹照影来。
又像花，又像菜，看谁心灵手儿快。

宫中赛巧

穿针乞巧，人称赛巧。比赛穿针时，女子结彩线，穿七孔针。穿得越快，乞巧越多者获胜；穿得慢者，称为输巧，输巧者，将礼物送给得巧者。

汉代时，七夕之夜，宫中美女穿着美丽盛装，涌到百子池边，赏月乞巧。她们一边欣赏于阗乐曲，一边赛巧。她们穿针引线，相互以五色彩线相连，称为相连爱；宫廷之中，特开开襟楼，宫中美女们来到楼中，竞赛穿七孔针，乞求织女授巧。

唐代时，七夕之夜，宫廷赛巧，热闹非凡。宫中乞巧楼、穿针楼，焕然一新。宫中美女，各执七孔针、五彩线，竞技乞巧，然后，抛向空中，向织女乞巧。

唐代诗人，有诗为证：

向月穿针易，临风整线难。
不知谁得巧，明旦试看寻。

宋代时，皇帝重视七夕节。

太平兴国三年（1798），宋太宗颁布法令：七夕佳节，多用六日，宜以七日为七夕，颁行天下。

从此以后，七月七日，为七夕节，正式成为国家确定的节日。

宋代时，七夕节非常兴旺。宫廷之中，有继承，有创新，节日内容，丰富多彩。宫廷食物丰盛，品种多样，美味佳肴，琳琅满目。

当时，皇帝喜爱的美味众多，主要包括：种生、花瓜、果食、水上浮、果实将军等。

七夕之前，七月初三至初五，京师之中，车水马龙，罗绮遍地。宫廷内外，繁花似锦。乞巧楼前，摆满了各种鲜花、果品、笔墨、纸砚、名酒、针线。

宫女们焚香祭拜，乞求织女授巧，竞技针线技艺。她们聚集在乞巧楼中，望月穿针，比赛针线绝技。她们准备了小蜘蛛，放在花盒之中。第二天，开盒观看。如果蜘蛛织网，又圆又正者，称为得巧。

元代时，宫廷时兴斗巧游戏。宫女们花枝招展，一起登上乞巧楼，用五彩丝线，穿九尾针，一声令下，开始比赛，先穿完者，称为得巧；迟穿完者，称为输巧。最后，众人出资，赠送得巧者。

元武宗时，宠爱洪贵妃。皇帝降旨，七夕之日，皇帝亲自登上彩楼，诸位后妃不许登楼。皇帝特许洪妃登楼，由几名贴身太监护从。洪妃一身新装，明艳动人。贵妃款款登楼，剪下彩带。彩色丝线，五彩缤纷，抛撒于台下。皇帝命嫔妃、宫女争抢嬉玩——捡到丝线者，竞相斗艳，以艳丽者取胜。皇帝鉴赏优劣，赏赐获胜者。第二天，皇帝亲自主持宴会，称为斗巧宴。

明清之时，七月七日，为宫中七巧节、七夕节。

宫眷内臣，换穿鹊桥补子。宫中，搭建乞巧山。兵仗局，准备宫人乞巧针线。宫中斗巧，丰富多彩。她们取宫中井水，白天、夜晚之水，放入盆中，称为鸳鸯水。第二天，七夕，让太阳照耀，水面生出一层薄膜。浮针水上，竞赛水底针影，称为赛巧——针影呈现云龙形、花草状，称为得巧；如果呈现丝网形、轴锥状，称为拙针、输巧。

清代时，宫廷设七夕宴、七巧宴，地点是圆明园西峰秀色，御园四十景之

《雍正十二月行乐图轴·七月乞巧》

纵 188.2 厘米，横 102.2 厘米。

清代时，宫廷设七夕宴、七巧宴，地点是圆明园西峰秀色，御园四十景之一。宫中搭建彩棚，摆放各种各样针线、蜘蛛盒，比赛竞技。

一。宫中搭建彩棚，摆放各种各样的针线、蜘蛛盒，比赛竞技。

乾隆皇帝喜爱七夕活动，特地写诗描述：

西峰秀色霭宵烟，又度新秋乞巧宴。

清代时，宫廷之中，皇后亲自主持七夕活动。宫中陈设丰盛瓜果，各种美味；设立牌位，由皇后亲自主持祭拜。牌位上，供奉牛郎织女，分别称为：牵牛河鼓天贵星君、天孙织女福德星君。最后，皇后主持宴会，尽欢而散。

七夕风俗

南北朝梁宗懔所著《荆楚岁时记》中记载："七月七日，是夕，人家妇女结彩楼穿七孔外，或以金银愉石为针。"

《舆地志》记载："齐武帝，起层城观。七月七日，宫人多登之穿针，世谓之穿针楼。"

五代王仁裕《开元天宝遗事》记载："七夕，宫中以锦结成楼殿，高百尺，上可以胜数十人。陈以瓜果酒炙，设坐具，以祀牛女二星。妃嫔，各以九孔针、五色线向月穿之。过者，为得巧之侯。动清商之曲，宴乐达旦。土民之家，皆效之。"

元陶宗仪《元氏掖庭录》记载："九引台，七夕乞巧之所。至夕，宫女登台，以五彩丝穿九尾针。先完者，为得巧。迟完者，谓之输巧。各出资，以赠得巧者焉。"

喜蛛应巧，是较早的乞巧方式，稍晚于穿针乞巧，大致始于南北朝时。

南北朝梁宗懔在《荆楚岁时记》中说："是夕，陈瓜果于庭中，以乞巧。有喜子网于瓜上，则以为符应。"

五代王仁裕的《开元天宝遗事》记载："七月七日，各捉蜘蛛于小盒中，至晓开；视蛛网稀密，以为得巧之侯。密者言巧多，稀者言巧少。民间亦效之。”

宋孟元老《东京梦华录》记载：七月七夕，“以小蜘蛛安合子内，次日，看之，若网圆正谓之得巧”。

宋周密《乾淳岁时记》记载：“以小蜘蛛贮盒内，以候结网之疏密，为得巧之多久。”

明田汝成《熙朝乐事》记载：七夕，“以小盒盛蜘蛛，次早观其结网疏密，以为得巧多寡”。

投针验巧，是明清时期盛行的七夕习俗。

明刘侗、于奕正在《帝京景物略》中记载：“七月七日之午，丢巧针。妇女曝盎水日中，顷之，水膜生面。绣针投之则浮，看水底针影。有成云物花头鸟兽影者，有成鞋及剪刀水茄影者，谓乞得巧；其影粗如锤、细如丝、直如轴蜡，此拙征矣。”

《直隶志书》记载，良乡县（北京西南）“七月七日，妇女乞巧。投针于水，借日影以验工拙。至夜，仍乞巧于织女”。

清于敏中著《日下旧闻考》，引《宛署杂记》记载：“燕都女子，七月七日，以碗水曝日下。各自投小针，浮之水面。徐视水底日影，或散如花，动如云，细如线，粗如锥，因以卜女之巧。”

七夕乞巧，穿针落人后者，称为输巧。

当夜，众人拜过仙姑以后，姑娘们各坐一处，手执彩色丝线，对着朦胧灯影，将丝线穿过针孔。如果一鼓作气，一口气能穿七枚针孔者，称为得巧，人称巧手；如果穿不到七个针孔者，称为输巧。

七月初七，七夕之夜，称为兰夜。

兰夜，是女子们的节日，她们将五彩丝线互相缠绕，绊结起来，称为相怜爱。女子们相邀，一起上到闭襟楼，相互学习，穿七巧针，浮针乞巧，称为兰夜斗巧游戏。

传说，七夕之夜，七位仙女会下凡，来到河中洗澡。这时，河水沾了仙气，成为圣水。女子下河洗澡，会带来桃花运，可以预防疾病。

种生求子：七夕前几天，在小木板上，敷一层肥土，播下粟米种子，长出绿油油的嫩苗；小芽长约一寸，用红色、蓝色丝绳，扎成一束，称为种生，借以求子。

中国南方，泡种子长苗，称为泡巧；长出的豆芽，称为巧芽；巧芽代针，抛在水面，用于乞巧；蜡塑牛郎、织女等人物，或者秃鹰、鸳鸯等动物，放在水上浮游，称为水上浮；蜡制婴儿玩偶，女子买回家，浮于水上，宜子之祥，称为化生。

七夕之夜，女子们将亲手制作的各式贡品，摆放出来，放在贡案上，祭拜七姐，相互赛巧。贡案作品，包括宫灯、宫殿、仕女、花灯、花果、器物、塔楼、插花、图案、刺绣、糖艺、文房四宝、历史人物、历史故事等。七巧贡案，历时三日，从农历七月初六至初八，摆放于家中前院，供人欣赏。

女子们将谷种和绿豆放入小盒，用水浸泡，使之发芽。芽长到二寸余，用来拜神，称为拜仙禾、拜神菜。初六晚开始，至初七晚，女子们穿着新衣，戴着漂亮的新首饰，焚香点烛，对空跪拜，称为迎仙。从三更开始，直至五更，连拜七次。

湖南湘潭《攸县志》记载：“七月七日，妇女采柏叶、桃枝，煎汤沐发。”

古代时，七夕节，时尚晒书、晒衣，以避虫蛀。

七夕晒书，因为七月七日，天门洞开，阳光强烈，是龙王爷晒鳞日。人们选择此日，暴晒衣服、棉被，以防虫蛀。读书人选择此日，曝晒书籍，不蚀不蠹。

东汉崔实《四民月令》记载：“七月七日，曝经书及衣裳，不蠹。”

宋代时，宫廷、官府、士民之间，晒书会盛行。

宋蔡絛的《铁围山丛谈·卷一》记载：“秘书省岁曝书则有会，号曰曝书会，侍从皆集，以爵为位叙。”

南宋洪迈《容斋四笔》、南宋陈骙《南宋馆阁录》，以及《南宋馆阁续录》等书记载，南宋高宗绍兴、宋孝宗淳熙，以及宋宁宗庆元年间，晒书会风行一时，活动丰富多彩。

宋代曝书会，逐渐成为官方活动，由掌管图书的秘书省主持，政府机构所在地的临安府具体承办；活动时间，通常是三天，七月初五、初六、初七。

“磨喝乐”，七夕节的儿童玩物，也就是小泥偶——造型独特，憨态可掬；穿着荷叶半臂衣裙，手持荷叶，人称“磨喝乐”。

《月曼清游图·桐荫乞巧》 清 陈枚

此画描绘的是农历七月初七，宫闱女子『乞巧』的场景。

史书记载，宋代时，七月七日，开封“潘楼街东宋门外瓦子、州西梁门外瓦子、北门外、南朱雀门外街及马行街内，皆卖磨喝乐，乃小塑土偶耳”。

七夕食品

七月初七，是宫中大小主子期盼已久的美好日子，宫人称为七夕节。

这一天，宫中主子，穿秋季新衣。

宫眷内臣，纷纷穿鹊桥补子，祈求自己能有巧手，能交好运。

七夕之夜，人们献上鲜花、果实，请织女欣赏、品尝，求她保佑。供品包括：茶、酒、巧果，五子——桂圆、红枣、榛子、花生、瓜子，以及鲜花、花粉等。

宫中主子，斋戒沐浴后，穿着美丽的衣服，前往供桌，焚香祭拜，默祷心愿；仕女将乞巧果子端到庭院中央，众人围坐，一边赛巧赏月，一边品尝巧果。

中元节

中元节，别称七月半、七月十四、祭祖节、盂兰盆节、地官节；节日活动主要包括：祭祖、放河灯、祀亡魂、焚纸锭、祭土地神等。

《易经》中说，“七”是复生之数。七月，称为吉祥月、孝亲月。七月半，果实累累，大获丰收，人们感恩祖先保佑、酬谢大地神灵，摆放新米等果实，祭祀上供，报告秋成，缅怀先人，敬祖尽孝。

上古时，七月十五日，祭祖节，称为七月半。东汉以后，道教兴起，称为中元节。佛教，称七月半为盂兰盆节。

唐代时，皇帝推崇道教，中元节大兴。皇帝降旨，七月十五日，正式确定为中元节，相沿至今。

祭祖节、中元节、盂兰盆节，是世俗、道教、佛教的三种风俗。唐代中期，正式定为中元节后，标志着三俗合一，成为大众共同的节日。

道教制造诸神，有天官、地官、水官，合称三官大帝，他们分别在三元日检校人间功过，以定赏罚：“天官，为正月十五，上元赐福。地官，为七月十五，中元赦罪。水官，则为十月十五，下元解厄。”中元之名，由此而来。

中元、上元、下元，合称三元。地官，主管地府，检校重点，是诸路鬼众。中元之日，地宫十分热闹，地府打开地狱之门。地狱开门，众鬼离开地府冥界，接受地官考校。有主之鬼，回家；无主之鬼，到处游荡，他们饥肠辘辘，徘徊各处，寻找东西吃，人称饿鬼。此日，称为鬼节。

农历七月，人称报恩月。

佛教认为，七月为欢喜月。

佛经《盂兰盆经》，西晋时期，传入中国。经中，有目连救母的故事。

南朝梁武帝萧衍，倡导三教同源说，将七月十五日，定为盂兰盆节，供奉佛祖。

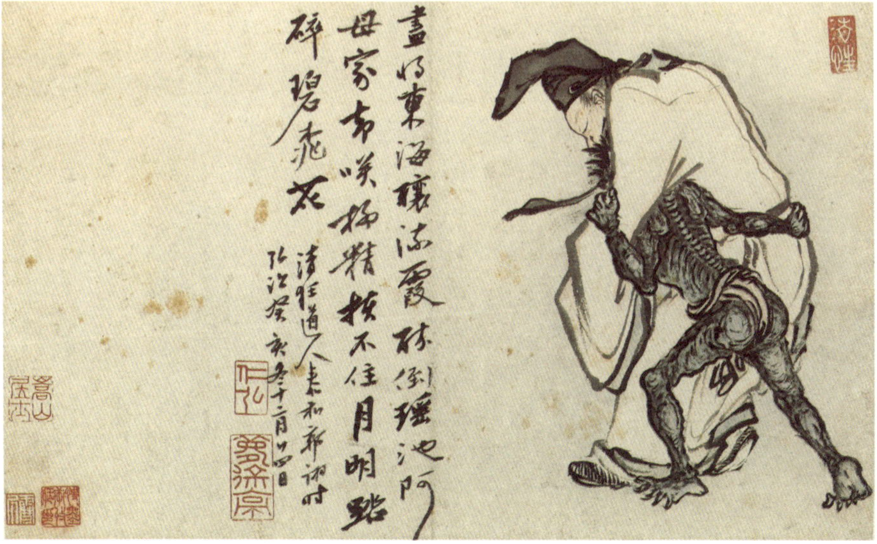

《钟馗醉酒图》

钟馗，中国著名的民间神，传说他是捉鬼驱邪的神。钟馗虽然相貌奇异，但为人却才高八斗，且刚正不阿。春节时也会作为门神亮相在寻常百姓家，作用是辟邪除灾。

佛教，有禅七、净七。农历七月十五日，是僧众功德圆满之日。佛家弟子，举行盂兰盆法会。

据《大藏经》记载，盂兰盆，是梵语。“盂兰”，意为倒悬。“盆”，意为救器。“盂兰盆”，意思是救人于倒悬之器。人们用盆子装满百果，供养佛陀、僧侣，拯救地狱之中的苦难众生；祭祀鬼魂，点亮荷灯，为亡魂照亮回家之路。

道观，举行盛大法会，吉祥道场，道士建醮祈福，超度亡魂。

宋代时，七月十五日，中元节，开始荐渡亡灵渡鬼。

据清乾隆时期的《普宁县志》记载：“俗谓祖考魂归，咸具神衣、酒馔以荐，虽贫无敢缺。”

中元节禁忌：床头忌挂风铃，容易招来鬼魂；忌夜游，尽量不要夜游；忌乱烧冥纸；忌偷吃祭品；忌乱踩冥纸。

道教人物图托盘　明

黑色漆与珍珠母贝镶嵌。

鼻烟壶

清道光年间，玻璃材质，珊瑚塞口，瓶身附钟馗造型人物像装饰。

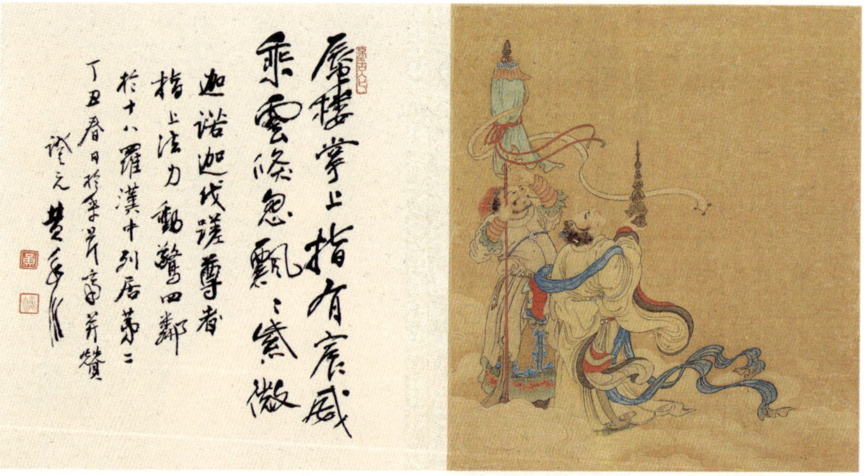
蜃樓掌上 指有宸威
迦諾迦伐蹉尊者

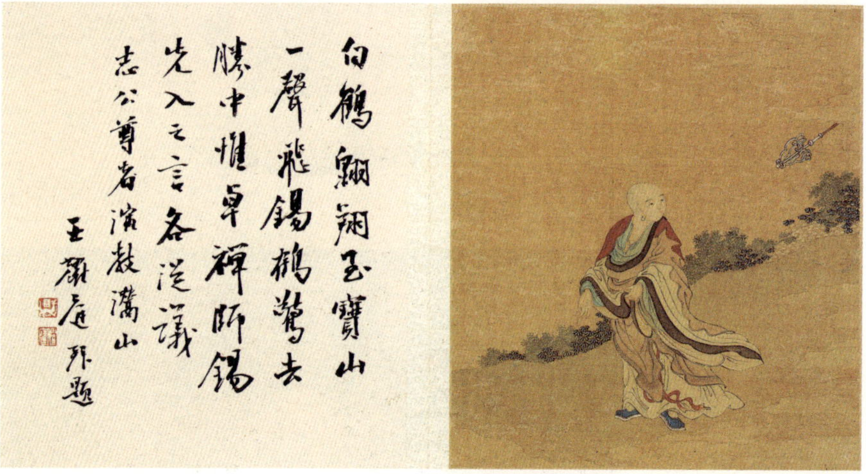
白鶴翩翩玉寶山
一聲飛錫鶴驚去
先入之言各從議
志公尊者

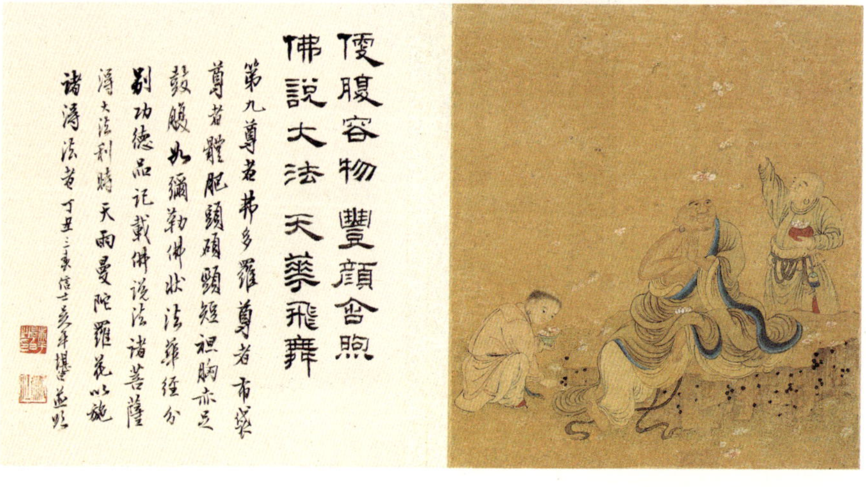
便腹容物 豐顏含煦
佛說大法 天華飛舞
第九尊者弗多羅尊者
尊者體肥頭碩頸短袒胸亦足
鼓腹如彌勒佛狀法華經分
別功德品記載佛說法諸菩薩
得大法利時天雨曼陀羅花以施
諸得法者

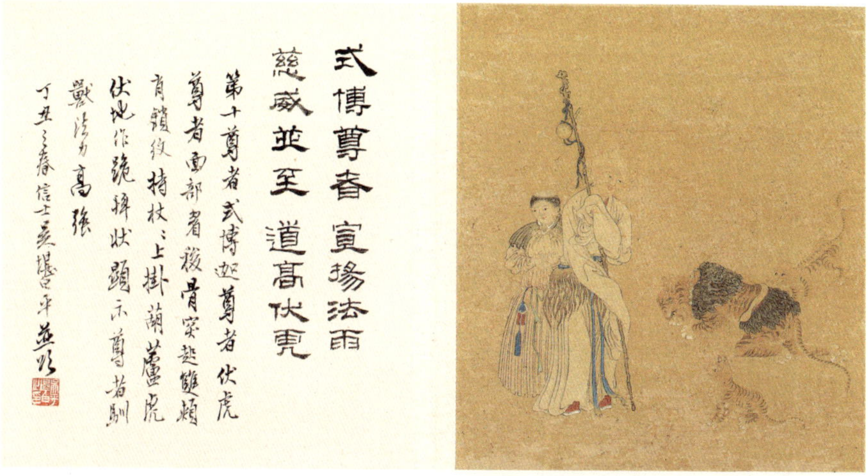

《中国佛教故事图册》 清 佚名

佛教是世界最大宗教之一，佛教重视人们心灵和道德觉悟，属于意识形态范畴。佛教是第一个融入中国封建社会和中国传统文化的外来宗教，影响着中国几千年的发展。佛教在中国封建社会中占有重要的地位，它影响渗透着社会中的各个文化领域。例如，寺庙的修建和祭祀，雕塑的发展，文学文艺领域的发展等。中国的佛教圣地数不胜数，供奉文殊菩萨的五台山、供奉普贤菩萨的峨眉山、供奉地藏菩萨的九华山、供奉观世音菩萨的普陀山是中国的四大佛教圣地。

清早期刺绣道教袶衣

道教是中国传统的宗教，崇拜鬼神，以道家思想为根基衍生的一种宗教组织。我国古代文学领域里，根据道教的基本观念和思想，产生了大量的文学作品。比如耳熟能详的《西游记》《封神演义》等里边的鬼神妖怪都是深受道教故事影响而产生的。道教文化与中国古代医疗科技的发展也息息相关。道教，在各个方面都影响着中国社会的发展。

宫中美食

七月十五日，是中国传统的中元节，人称鬼节。

宫中甜食房，要进贡佛波罗蜜。

七月，鲥鱼肥美。地方官千里奔波，进贡鲥鱼。

宫中御厨收拾时鲜，烹制鲜美的鲥鱼羹。

宫中主子品尝河鲜，太监在太液池搭台，皇帝和后妃相聚，观赏荷花。

八月份，宫中玉簪花盛开，海棠争奇斗艳。

八月初一，宫中开始品尝月饼。

宫中主子、宫女，纷纷用新做的月饼，以及时鲜莲藕、西瓜等物，互相馈赠。

中秋节

中秋节，又称祭月节、月光诞、月夕、秋节、仲秋节、拜月节、月娘节、月亮节、团圆节等，是中国传统节日。

中秋节，源自古人天象崇拜，由秋夕祭月演变而来。

最初，称为祭月节，时间是二十四节气秋分之日。后来，调至八月十五日。中秋节的主要活动包括：祭月、赏月、吃月饼、玩花灯、赏桂花、饮桂花酒等。

中秋节，起源于上古时代，普及于汉代，定型于唐朝初年，盛行于宋朝之后。

上古时，秋分祭月，称为祭月节。

祭月，源于古人对月神的崇拜。

"中秋"一词，最早见于汉代文献。《周礼》，世传为周公旦所著，成书于两汉之间。书中记载，先秦时期，有：中秋夜迎寒、中秋献良裘、秋分夕月

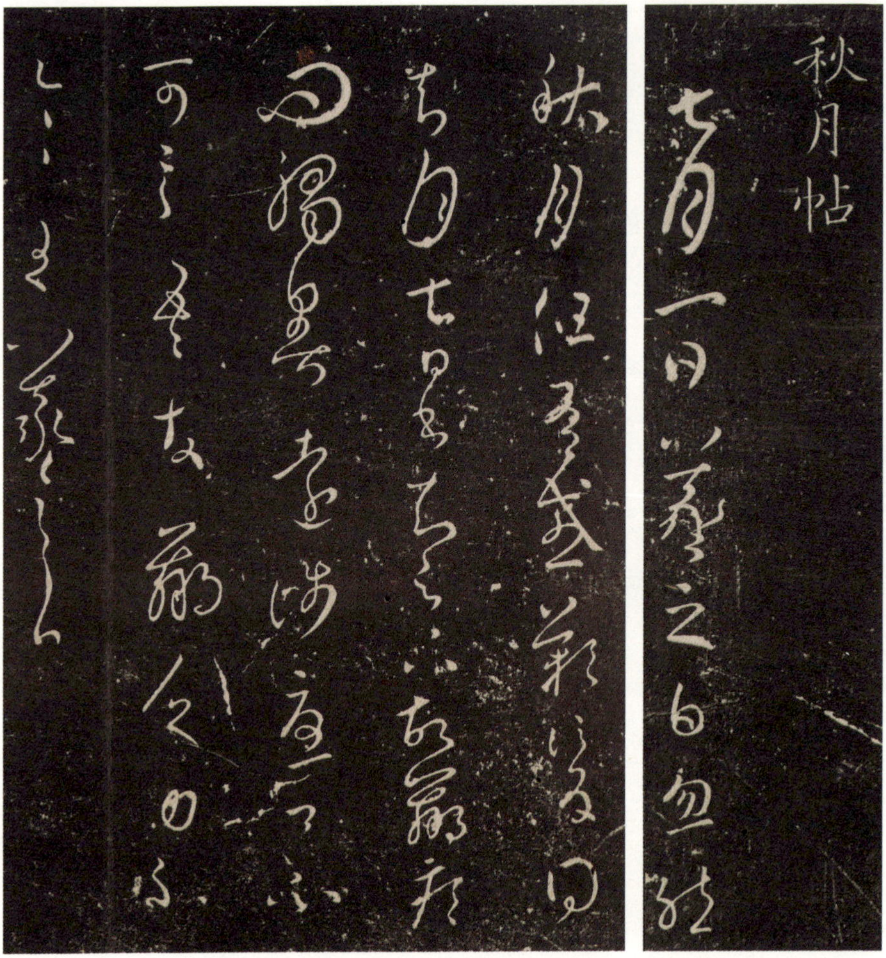

《秋月帖》 东晋 王羲之

《雍正十二月行乐图轴·八月赏月》

纵 188.2 厘米，横 102.2 厘米。

这幅画描绘的正是雍正时期中秋时节，宫苑众人在夜晚时分，在亭台楼榭赏月游戏的场景。中秋节，月亮圆满，象征团圆，也称团圆节。

《嫦娥图》 清 周培春

嫦娥也叫姮娥，为神话人物，是羿的妻子。据说大羿与姮娥开创了一夫一妻制的先河。有关嫦娥的身世说法很多，有说嫦娥和常仪是同一个人。『常仪，帝俊妻也。』帝俊就是帝喾。还有一种说法认为她是帝喾和常仪的女儿。

《嫦娥执桂图》 明 唐寅

唐代诗人李商隐曾写：『嫦娥应悔偷灵药，碧海青天夜夜心』。在民间传说中，嫦娥偷吃了丈夫从西王母那儿讨来的不死之药后，飞到月宫，成为神仙。

（拜月）。

汉代时，中秋之日，时兴敬老、养老，赐以雄粗饼。

晋代时，人们开始中秋赏月。

中秋节，确定为全国性节日，是在唐代。

《唐书·太宗本纪》记载："八月十五，中秋节。"

大唐时期，中秋赏月，十分风行。

北宋时期，农历八月十五日，为中秋节。

孟元老在《东京梦华录》记载："中秋夜，贵家结饰台榭，民间争占酒楼玩月""弦重鼎沸，近内延居民，深夜逢闻笙竽之声，宛如云外。间里儿童，连宵婚戏；夜市骈阗，至于通晓"。

明清时期，中秋赏月，盛行一时。祭月拜月，丰富多彩——祭祀果饼必圆，各家特设月光位，朝月出方向，向月供而拜。

据陆启泓所著《北京岁华记》记载："中秋夜，人家各置月宫符象，符上兔如人立。陈瓜果于庭，饼面绘月宫蟾兔。男女肃拜烧香，旦而焚之。"

《帝京景物略》记载："八月十五，祭月，其饼必圆。分瓜必牙错，瓣刻如莲花……其有妇归宁者，是日，必返夫家，曰团圆节也。"

农历八月，居于秋季中间，为秋季第二个月，称为仲秋。八月十五日，在仲秋之中，故称中秋。

中秋拜月

中秋节，别称众多。

古时，秋分夕月，举行拜月活动，故称月节、月夕、祭月节、月光诞。

八月十五日，人称八月节、八月半。

中秋节，月亮圆满，象征团圆，又称团圆节、女儿节、果子节、南瓜节。

唐朝时，中秋节，称为端正月。

宋代时，中秋节，称为团圆节。

《西湖游览志余》记载："八月十五，谓中秋，民间以月饼相送，取团圆之意。”

祭月，夕月，就是拜祭月神。

中秋之夜，人们拜月神、拜月娘、拜月光。

拜月之时，设大香案。沐浴更衣，摆上供品：月饼、西瓜、苹果、红枣、李子、葡萄等。明月在上，将月神牌位，朝向月亮。点燃红烛，依次拜祭，祈求福佑。

北宋《武林旧事》书中，记载中秋夜，将一点红灯，放入江中漂流。

中秋赏灯、观花、猜谜、喝酒，十分热闹。各种各样的彩灯，五彩缤纷，包括：祥云灯、楼台灯、芝麻灯、蛋壳灯、刨花灯、稻草灯、鱼鳞灯、谷壳灯、瓜子灯、鸟兽灯、花树灯、柚子灯、南瓜灯、橘子灯等。

宫廷赏月

中秋宴会，丰富多彩，以宫廷宴席最为精致。

明代时，中秋之夜，皇帝登堆秀山赏月。

宴桌周围，摆满鲜花，桌子上，陈列着大石榴等各种时鲜果品。

宫廷戏班，演出中秋吉祥戏剧和神话故事。

金丝楠木宴桌上，摆满各种宫廷美食、点心、鲜果；御膳房大厨，呈上最肥鲜的螃蟹。皇帝用金碗、银筷，慢慢地享用螃蟹，品尝月饼，品味美食。

宫中大主、小主，在宫院赏月。众人围坐，品尝新味，佐以宫廷酒醋。

进食以后，饮苏叶汤，漱口，洗手。

清代宫廷，各大宫院，欢聚赏月。通常在宫院中，向东设八仙桌，摆放一架屏风，观赏圆月；屏风两侧，摆满鸡冠花、毛豆、芋头、花生、萝卜、鲜藕；屏风前，设朱红描金八仙桌——桌子正中，朱红托盘上，摆放一个特大宫廷月饼；月饼四周，摆满宫廷糕点、糖粒、瓜果。

郑重祭祀月神之后，赏月，吃月饼——月饼切作很多小块，每人吃一口，称为吃团圆饼。

清代时，宫廷月饼，制作奇特，大得出奇，特别好吃。宫廷月饼之大，出人意料，难以想象。

末代皇帝溥仪，中秋之夜，赏给总管内务大臣绍英一个月饼，“径约二尺许，重约二十斤”。

中秋风俗

明清时代，中秋之夜，玩兔儿爷，流行于宫中，风行北京。

明末时，纪坤著《花王阁剩稿》，记载：“京中秋节，多以泥抟兔形，衣冠踞坐如人状，儿女祀而拜之。”

清代时，兔儿爷祭月，渐渐演变为儿童玩具：兔儿爷，泥塑手造，兔首人身，脸贴金泥；身施彩绘，披着甲胄；插护背旗，竖着两只大耳朵，十分威武；或坐或立，或者捣杵，或者骑兽，生动有趣。

《燕京岁时记》记载：“每届中秋，市人之巧者，用黄土抟成蟾兔之像以出售，谓之兔儿爷。”

清代宫廷，崇敬圆月，认为月中有玉兔，称为太阴君。

京城老百姓，称为兔儿爷，中秋节设案，祭祀兔儿爷。

广东潮汕地区，中秋拜月，主要是妇女和小孩。谚语称：“男不圆月，女不祭灶。”

中秋美食，主要是吃芋头。潮汕俗谚：“河溪对嘴，芋仔食到。”

八月份，正是芋头的收获季节，人们以美味的芋头祭祀祖先。

江南地区，中秋节习俗多样。

南京人，爱吃月饼，爱吃金陵桂花鸭。

桂花鸭，桂子飘香时节上市，肥而不腻，味美可口，香飘古城。

江南妇女手巧，把三秋桂子、十里荷花，变成了美味佳肴。

南京人，中秋之夜，坐在庭院，围聚赏月，称为庆团圆；团坐聚饮，称为圆月；出游街市，称为走月。

上海人，中秋佳宴，吃月饼，喝桂花蜜酒。

江苏无锡，中秋之夜，燃烧斗香，祭祀月神：香斗四周，糊以纱绢；纱绢

泥制兔儿爷

之上，绘以月宫；嫦娥起舞，月兔清新；月宫景色，缥缈悠远；香斗上面，插有魁星和彩色旌旗。

江西吉安，中秋之夜，人们用稻草烧瓦罐。瓦罐内放满美食，细火慢炖；瓦罐烧得通红，放进香醋，香味四溢，飘散数十里。

江西新城，中秋时节，八月十一日夜开始，悬挂通草灯，直到八月十七日夜。

江西婺源，中秋时节，儿童以砖瓦堆宝塔。宝塔中空，宝塔之上，悬挂帐幔匾额；宝塔前面，放置一桌，陈设各种敬神之物。圆月之夜，宝塔内外，点上灯烛，分外迷人。

安徽绩溪，中秋之夜，儿童打中秋炮，游火龙。中秋炮，用稻草扎成，呈发辫状，浸湿之后，手拿起来，向石上打击，发出巨响。火龙，用稻草扎成，威武健壮，龙身之上，插有香柱。游火龙时，锣鼓队开道，游遍各处，最后，送至河中。

四川之地，天府之国。中秋之夜，人们吃月饼，打粑，杀鸭，吃麻饼，吃蜜饼，点橘子灯；儿童在柚子上插满香，沿街舞动，称为舞流星香球。

山东各地，祭祀月神、谷神、土地神。

山东庆云，八月十五日，祭祀土谷神，称为青苗社。

河北之地，称中秋为小元旦，祭祀月神、关帝——用月光纸，绘制太阴星君、关帝夜阅《春秋》像。

蒙古族，中秋之夜，跨马追月——人们跨上骏马，在月光之下，奔驰草原上；他们一路朝西，放马奔驰；彪悍的蒙古骑手，不到月亮西沉，追月不止。

藏族，中秋寻月——中秋之夜，男女青年，沿着河流，追寻倒映水中的明月，欢声笑语，漫山遍野；最后，回家团圆，赏月，吃月饼。

侗族，中秋行月——中秋之夜，芦笙歌舞，踏着月色，载歌载舞，彻夜长欢。

德昂族，中秋串月——中秋之夜，月明高挂；悠扬的葫芦笙中，男女青年，一起串月亮，送槟榔，倾诉衷情。

彝族，中秋跳月——中秋之夜，男女老幼，聚集在开阔地上，女子束腰披纱，男子头缠布带，激情荡漾，载歌载舞。

朝鲜族，中秋望月——用木杆、松枝，搭建高高的望月架。明月当空，老人攀上望月架，登高望月。老人望月之后，下来，众人点燃望月架，敲着长鼓，吹起洞箫，合跳起舞。

壮族，中秋请神——中秋之夜，人们在露天空处，设一供桌，供放祭品，摆放香炉；桌子右边，竖一树枝，高约一尺，是月神下凡的天梯，祭祀月神，恭请月神下凡。一名美女，扮成月神，神人对歌，卜卦算命；尽情歌舞，赏月祭神；歌手唱送神咒歌，送月神回天。

黎族，中秋调声——人们一身盛装，歌舞聚会。由调声头率领男女，互赠月饼、香糕、甜粑、花巾、彩扇，成群结队，川流不息。入夜之时，聚在火堆旁，烤食野味，痛饮米酒，对歌演唱。

宫中典故

相传，唐玄宗喜爱月神。有一年中秋，他宣申天师、道士鸿都入宫，一起赏月。他们品味美食，望着明月。突然，唐玄宗兴起游月宫之念。申天师奉命做法，三人一起，步上青云，漫游月宫。月宫门前，守卫森严，无法进入。他们徜徉在月宫外，忽然，传来阵阵仙乐，悠扬动听。唐玄宗精通音律，静听仙乐，默记心中。听完仙曲，三人回到宫中。唐玄宗意犹未尽，回忆月宫仙乐，文思泉涌，立即挥毫，御笔谱曲编舞，创作出《霓裳羽衣曲》。

宫廷美食

八月十五日，中秋节。各宫各院，备办丰盛的食物，以月饼、瓜果为主，相聚一处，静候皓月升空。届时，主人焚香，对天祭拜。接着，大吃月饼、瓜果。

许多宫院，中秋赏月，作竟夜之欢，直到天明，方才歇息。

皇帝龙袍十二章纹：月

龙袍，也就是吉服袍。十二章纹，指的是日、月、星辰、山、龙、华虫、宗彝、藻、火、粉米、黼、黻十二图案。月，代表静。在装饰上，月中常绘玉兔捣药图案，取材自《嫦娥奔月》《玉兔捣药》等神话传说。

《月曼清游图·琼台赏月》 清 陈枚

中秋之夜，宫中的妃嫔、贵妇们登高赏月。

当时，各大宫院，中秋之夜，有许多剩余的月饼。她们整齐地收藏起来，存放在干燥凉爽的地方，岁暮之时，纷纷拿出来，合家合院地分食，称为团圆饼。

八月，是丰收的季节。宫室大厨，酿造新酒。

秋高气爽，螃蟹正肥。地方官搜罗最为肥美的螃蟹，进贡宫中。

宫中大厨精心烹饪，制作各种各样的螃蟹宴。

宫中主子、宫眷内臣，喜吃螃蟹。

宫中人员，如何吃螃蟹？

他们先将螃蟹洗干净，用蒲包好，旺火蒸熟。然后，三五成群，围坐共食，欢喜笑乐。揭开螃蟹脐盖，细心地用长指甲挑食蟹肉，蘸点宫廷酿醋，以蒜佐美酒，美不可言。

如果剔蟹胸骨，八路完整，样子如蝴蝶，就是吃蟹高手了，会受到众人尊敬。吃完螃蟹，通常要用苏叶洗手，喝苏叶汤，解腻去腥。

八月份，宫院之中，石榴树上，高高地悬挂着红白软籽大石榴。

宫人们小心翼翼地把石榴剪下来，或者现吃，或者收藏。

地方官进贡葡萄，清香美味。尤其是大玛瑙葡萄，甘甜可口。宫女整枝剪下，主子就着枝子，品尝新鲜的葡萄。

有些宫院，聪明的宫女想到了储存葡萄的良方：她们准备一个瓷缸，放一些井水；把多余出来的葡萄，整枝地悬挂在缸中，严密封好，可以一直保留到第二年正月，取出之时，依旧鲜甜可口。

九月，各式各样的菊花盛开，争奇斗艳。

九月初一，各处宫院，尝食花糕。

九月初四，宫眷内臣，开始换穿罗重阳景菊花补子蟒衣。

重阳节

重阳节，中国传统节日，时间是农历九月初九。

重阳节，源自天象崇拜，由上古时代秋季丰收祭祀活动演变而来。

陶渊明

东晋末南朝宋初的诗人。曾入朝为官，但不久便归隐田园。他是中国第一位田园派诗人，著有《陶渊明集》。陶渊明独爱菊花，菊花盛开在秋天，与其他花的开放时间截然不同，且菊花生在漫山遍野，自由无拘束，与陶渊明不喜欢被束缚而辞官归隐的性格极为相似。

“九”，为阳数。《易经》称，“九九”为两阳数相重，称为重阳；日、月皆逢九，又称重九。

古人认为，九九重阳，是吉祥之日。

重阳节活动，主要包括：拜神祭祖、登高祈福、饮宴祈寿、秋游赏菊、佩插茱萸等。

上古时期，季秋丰收，人们举行祭天、祭祖等活动。

《吕氏春秋·季秋纪》记载：“九月，农作物丰收，祭天帝、祭祖先，以谢天帝、祖先恩德。”

重阳节，始于上古，普及于西汉，鼎盛于唐代。

“重阳”之名，源于《易经》：“阳爻为九。”

《易经》称，“六”为阴数，“九”为阳数、极数，指天之高，为九重。

“九”，为老阳，是阳之极数；双九，两个阳极数，重合一起，九九归一，一元肇始，万象更新；因此，重阳，为吉祥之日。

九月初九，人们庆贺丰收，饮宴祝福，谓之重阳祈寿。

明代张岱著《夜航船》称：“九为阳数，其日与月并应，故曰重阳。”

三月阳春，春游踏青。九月重阳，登高赏秋，称为辞青。

魏晋时代，推崇重阳，文人墨客，登高吟咏。

晋人陶渊明，在《九日闲居》诗序中称：“余闲居，爱重九之名。秋菊盈园，而持醪靡由，空服九华，寄怀于言。”

南北朝梁宗懔在《荆楚岁时记》中称：“九月九日，四民并籍野宴。”

重阳节，赏秋、晒秋，放纸鸢（风筝）。

传说，重阳时，放纸鸢，是为了放晦气。纸鸢飞得越高越远，晦气随之高飞远离；最后，专门将线弄断，让纸鸢飞到九霄云外。

据文献记载，登山祈福，在春秋战国时期非常流行。

登高之地，通常是登高山、登高楼、登高台。

秋天，清气上扬，浊气下沉。秋高气爽，登高辞青。

西汉戴圣《礼记·祭法》记载：“山林川谷丘陵，能出云，为风雨，见怪物，皆曰神。”人们敬畏山神，充满崇拜，登山祈福。

重阳登高，赏秋辞青。

重阳节，登高避灾。东汉之时，汝南地方有个术士，名叫桓景，认为九月九日，会有瘟气降临，要求人们离开家，登到高处，才能平安。

重阳之日，吃花糕、菊糕、五色糕。

九月九日，天明之时，家人以片糕搭儿女头额，口中念念有词，祝愿子女百事俱高。重阳糕，做成九层，像座宝塔，上面做两只小羊，以符合重阳（羊）之义。重阳糕上，插一小红纸旗，代替茱萸。夜晚，点燃蜡烛灯。

宫廷重阳

相传，重阳为元帝得道之辰。

重阳时节，宫廷祭祀习俗，最早的文字记载，见于《吕氏春秋·季秋纪》：“（九月）命冢宰，农事备收，举五种之要。藏帝籍之收于神仓，祗敬必饬。是日也，大飨帝，尝牺牲，告备于天子。”

金秋九月，农作物丰收，收入皇家神仓。皇帝祭天，祭祖，以谢天帝、祖先。

重阳节之名，始于三国时代。魏晋时期，形成节日，开始出现赏菊、饮酒习俗。唐代时，正式列入国家法定节日。

汉代《西京杂记》，记载了重阳节求寿之俗。

西汉时，宫人贾佩兰称：“九月九日，佩茱萸，食蓬饵，饮菊花酒，云令人长寿。”

这段文字，是我国古代关于重阳节求寿的最早记录。

三国时，魏文帝曹丕在《九日与钟繇书》中称：“岁往月来，忽复九月九日。九为阳数，而日月并应，俗嘉其名，以为宜于长久，故以享宴高会。”

唐德宗时期，皇帝李适（780—785）在位，颁布天下，将重阳节列为三令节之一。

宋代时，重阳节，宫廷内外，热闹非凡。

《东京梦华录》，记载了北宋京城汴梁重阳节繁华盛况。

《武林旧事》，记载了南宋宫廷重阳热闹盛景：“于八日，作重九排当，以待翌日，登高游乐。”

《雍正十二月行乐图轴・九月赏菊》

纵 188.2 厘米，横 102.2 厘米。

秋天的宫苑之中早已盛开了众多品类的菊花，贵人赏菊，下人侍弄菊花。不仅是宫苑内开满了菊花，就连普通农家小院也是菊花甚多。

《月曼清游图·重阳赏菊》 清 陈枚
重阳时节，宫廷一角，妃嫔仕女们赏菊鉴菊。

菊花酒，重阳必饮，祛灾祈福，称为吉祥酒。菊花酒，是药酒，味道微苦，可使人明目醒脑，能祛灾祈福。

菊花酒，汉代时已经出现。人们赠菊祝寿、采菊酿酒，过重阳节。

三国曹魏时，皇帝曹丕重视重阳节，曾在重阳之日，赠菊大臣钟繇，祝他长寿。

梁简文帝，采菊酿酒。他曾写《采菊篇》，称“相呼提筐采菊珠，朝起露湿沾罗襦”。

明清时期，宫中盛行吃花糕，品菊花酒。

九月九日，遍插茱萸，也称为茱萸节。

茱萸，是一种中药果实。盛产于吴越地，人称吴茱萸。

重阳节，登山插茱萸，可以驱虫祛湿，躲避风邪。

茱萸，香味浓厚，能明目、醒脑、祛火、驱虫、祛湿、逐邪、消积食、治寒热。

人们把茱萸插在头上，佩戴在手上，放在香袋里，制成药酒，养身祛病。

明清时期，皇宫重视重阳，隆重过节。

明代之时，皇宫之中，皇帝、后妃、宫女、宦官，从初一开始，就品美味，吃花糕，喝美酒，庆祝重阳。皇帝亲临镇山（景山），登高览胜，品菊赋诗，以畅秋志。

清代之时，皇帝登万岁山（景山），登高望远，品尝菊花酒。

宫人把菊花枝叶贴在门窗上，“解除凶秽，以招吉祥”。

皇帝登高，驾幸万岁山，或兔儿山，或旋磨台，登高赏秋。

宫中，重阳节，讲求吃迎霜麻辣兔，喝菊花酒。

九月，即将迎来寒冬。

宫人们早晚忙碌，糟瓜茄，糊房窗，腌制菜蔬，抖晒皮衣，准备御寒。

立冬

《立冬》（唐）李白

冻笔新诗懒写，寒炉美酒时温。
醉看墨花月白，恍疑雪满前村。

《立冬即事二首》（元）仇远

细雨生寒未有霜，庭前木叶半青黄。
小春此去无多日，何处梅花一绽香。

《立冬》（明）王稚登

秋风吹尽旧庭柯，黄叶丹枫客里过。
一点禅灯半轮月，今宵寒较昨宵多。

立冬，二十四节气之一。

立冬，是冬天的第一个节气，表示自此以后，进入了冬季。

立冬，标志着秋季少雨干燥气候渐渐远去，开始向阴雨寒冷的冬季气候过渡。

四季轮替，秋收冬藏。世间万物，进入冬季，闭藏冬眠。

冬季，是享受丰收的季节，是休闲养生的季节。

中国古代，十分重视立冬，纷纷举行祭祀、饮宴等活动。

《月曼清游图·踏雪寻诗》 清 陈枚

深冬腊月，天气寒冷，宫苑妃嫔煮茶观雪，吟诗作乐。另有一行人踏雪前来，相约而至。

《弘历喜雪图轴》 清

此画运用西洋技法成画。隆冬时节，皇宫内，乾隆皇帝手持如意安详地坐在椅子上，旁边宫人在生火盆取暖侍奉左右，有的人在运装点室内的盆景。孩童们一派热闹的玩雪景象，远处宫殿里妃嫔们正赶在岁朝时设案清供。

立冬三候

冬季，阳退阴生，阳气渐衰，阴气渐盛；日照时间日短，阴气不断增长；天地生气闭蓄，万物开始收藏。

史书记载：“立冬，十月节。立，建始也；冬，终也，万物收藏也。”

《月令七十二候集解》，解释“冬”：“冬，终也，万物收藏也。”意思是，秋季作物，晾晒完毕，收藏入库；世间动物，躲藏起来，准备冬眠。

立冬节气，分为三候，每候五天，三候一节：“一候，水始冰；二候，地始冻；三候，雉入大水为蜃。”意思是，立冬节气，水，已结成冰；土地，开始冻结；雉，野鸡一类大鸟，蜃，为大蛤，立冬以后，野鸡一类大鸟不多见了，海边可以看到外壳与野鸡相似的大蛤。

古人认为，雉到立冬以后，就变成大蛤了。

皇帝迎冬

宫中，皇帝北郊迎冬。

立冬前三日，太史进宫，拜见皇帝：某日立冬，盛德在水。

皇帝颔首，开始斋戒。

立冬之日，皇帝一身礼服，亲率王公大臣、三公九卿大夫，前往北郊，亲自迎冬。回宫以后，皇帝施恩，赏赐为国献身者之子孙，体恤孤寡。

《吕氏春秋·孟冬纪》记载：“是月也，以立冬。先立冬三日，太史谒之天子，曰：‘某日立冬，盛德在水。’天子乃斋。立冬之日，天子亲率三公九卿大夫，以迎冬于北郊。还，乃赏死事，恤孤寡。”

高诱注解：“先人，有死王事以安边社稷者，赏其子孙；有孤寡者，矜恤之。”

立冬之日，皇帝赏赐棉袄，令戴温帽。

晋崔豹在《古今注》中记载：“汉文帝，以立冬日赐宫侍承恩者，及百官，

女棉袄　清

披袄子”“大帽子，本岩叟野服，魏文帝诏百官常以立冬日贵贱通戴，谓之温帽”。

据东汉崔寔《四民月令》记载：“冬至之日，进酒肴，贺谒君师耆老，一如正日。”

冬季养生

立春、立夏、立秋、立冬，合称四立。

立冬，中国古代社会传统“四时八节”之一，人们要举行祭祀活动。

立冬以后，冬季正式来临。寒冬时节，多食温热补益食物，能够强壮身体，御寒过冬。

立冬，十月大节，中国有祭祖、饮宴、卜岁等习俗：供献时令佳品，祭祀祖先神灵，祈求上天赐给来岁丰年。

立冬，南方闽中，俗称“交冬”，意为秋冬之交。

立冬“补冬”，就是美食美饮滋补。

人们熬制草根汤，将山白芷根、盐肤木根、山苍子根、地稔根等，剁成小片，下锅熬煮；煮成浓浓的草根汤，然后，捞去根块，加入鸡、鸭、兔肉，或猪蹄、猪肚等，慢火熬制，围坐品尝，称为“补冬”。

草根，中草药，配合肉食，补肾、健胃、强壮腰膝、健康筋骨。

南方潮汕地区，立冬之日，吃甘蔗、炒香饭，称为“补冬”。

立冬日，人们用莲子、香菇、板栗、虾仁、红萝卜等做成饭，称为炒香饭，美味可口。

谚语称：“立冬食蔗齿不痛。”

立冬之日，北方风行吃水饺。

北方寒冷，耳朵容易受冻。立冬之日，吃饺子，因为水饺外形似耳朵，古人称为“焦耳”。古人认为，吃了饺子，冬天耳朵就不受冻。

饺子，源于“交子之时”之说。大年三十，是旧年、新年之交；立冬，是秋、冬季节之交。因此，“交子之时”，时兴吃饺子。

冬天，适当增加主食、油脂摄入，保证优质蛋白质、脂肪和碳水化合物营

翠玉白菜　清

高 18.7 厘米。全器由翠玉所雕刻，完美地结合了自然之美和人工之美，利用了玉的原色，精制加工后而形成了白菜形状的玉器，神似实物，欣赏和收藏价值颇高，是故宫所藏玉器中最受人瞩目的。

内填珐琅嵌珠西洋人物斋戒牌　清

长方形斋戒牌，上方以蝙蝠拥寿为造型，下方以一蝙蝠衔绳为底，一面中间为蓝色珐琅嵌金满文『斋戒』二字，另一面为西洋人物画。以珍珠装饰，外侧一圈为金雕花纹饰。

养供应；适量食用猪肉、羊肉、牛肉、鸡肉、鹿肉，以及鲜虾、鸽子、鹌鹑、海参等食物，富含蛋白质及脂肪，能够很好御寒。

宫廷美食

冬季饮食养生，重点是养肾。

中医学认为，冬天时，应当少食咸，多吃苦味食物。

冬季，肾经旺盛。肾主咸，心主苦。

中国古代医学五行说认为，咸胜苦，肾水克心火。咸味吃多了，就会使本来偏亢的肾水更加亢奋，从而使心阳力量减弱。所以，应当多食些苦味的食物，以助心阳，抗衡过亢的肾水。

《四时调摄笺》称："冬月，肾水味咸，恐水克火，故宜养心。"

中国古代，饮食调养，遵循古训："秋冬养阴""虚者补之，寒者温之"。

元代御膳大师忽思慧所著《饮膳正要》中记载："冬气寒，宜食黍以热性治其寒。"意思是，少食生冷，不宜燥热，食用滋阴补阳、热量较高膳食为宜。

冬季食物，切忌黏硬生冷，此类食物属阴，容易导致脾胃受损。

中医称：春夏养阳，秋冬养阴。

冬季，收藏时节，重点滋补肾精。

男性方面，可食鹿茸、龟板、核桃、枸杞；女性方面，可食当归、核桃、枸杞、阿胶；食物方面，可炖煮羊肉、牛肉，炒食黄花木耳。

羊肉，补精养血，养肾佳品。

冬天，滋补过多，应当多吃新鲜蔬菜，保证维生素充足。

最佳食用：牛肉、羊肉、乌鸡、鲫鱼、萝卜、青菜、豆腐、木耳、银杏果、豆浆、牛奶等。

明代时，十月初一，宫室颁布历书。

十月初四，宫眷内臣，换穿纻丝。

冬令十月，宫中尚吃羊肉，吃爆炒羊肚，吃麻辣兔；宫中主子，喜爱吃虎眼等细糖，以及牛乳、乳饼、奶皮、奶窝、酥糕、鲍螺等美食。

鲤图页　清　佚名

国画工笔小品，哈佛大学福格美术馆藏。

天气渐凉，夜晚渐长。宫中内臣，开始烧地炕，供热取暖。

宫人们饱食终日，无所事事，三五成群，喝酒下棋。

内臣们，最爱吃牛、驴的生殖器，母的称“挽口”，公的称“挽手”。

羊白腰，是宫中内臣们争相抢夺的珍稀美食，就是外肾卵；至于白公马卵，更是极品食物，内臣们争食，以获得为荣，称为“龙卵”。

十一月，宫人开始戴耳帽。

冬至节时，宫眷内臣，开始穿阳生补子蟒衣；各宫各室内，悬挂绵羊太子画。十一月，宫中尚吃糟腌猪蹄、糟腌猪尾、鹅肫掌，炙羊肉、羊肉包、扁食、馄饨等，取阳生之义。

冬笋刚刚上市，地方官进贡宫中。宫中太监，不惜重金购食。

每天清晨，宫中内臣讲究，吃煅汤，吃生焰肉，喝浑酒，以此御寒。

腊月初一，内臣开始买腌猪肉。

宫中，尚吃灌肠，吃油渣，卤煮猪头；吃烩羊头，爆炒羊肚，炖铁脚小雀加鸡子；清蒸牛乳白，酒糟蚶，酒糟蟹，焖银鱼，醋熘鲜鲫鱼，炖鲤鱼。

腊月初八，皇帝吃腊八杂果粥米。

宫中吃腊八粥，需提前几天，将红枣捶破，泡汤；初八早晨，红枣加粳米、白果、核桃仁、栗子、菱米煮粥，供奉佛前，供奉五祀——供于户、牖、园树、井上、灶上；最后，宫人分食，或者互相馈送。

腊月二十四日，宫中祭灶，蒸点心，办年货。

腊月，宫中美酒佳肴飘香，迎接新年。

宫廷游乐

双陆

双陆，产生于天竺。《涅槃经》中称双陆为波罗塞戏。

东汉时，双陆传入中国，历代宫廷之中，风行一时。

《贵妃上马图》　元　钱选

画中描绘的是唐玄宗与贵妃杨玉环骑马的场面。图中共画十四人，玄宗骑马望向杨贵妃，这时的贵妃正在侍女的协助下登上马背。钱选，宋末元初著名的画家，与赵孟頫等人并称“吴兴八俊”。

唐代时，皇帝、后妃喜爱双陆。

唐代时，有双陆棋子，黑白，各六子。有诗为证：三个半升升半酒，两行双陆陆双棋。

武则天时代，女皇所好，流行双陆棋，宫中风靡一时。

宰相狄仁杰、女皇男宠张昌宗兄弟，都是双陆棋高手。

武则天知道，宰相狄仁杰棋艺高超。

有一天，女皇宣召狄仁杰进宫，命他与宠儿张昌宗对垒双陆棋。

宰相欣然应命。

武则天大喜，问：赌以何物？

狄仁杰说：以臣朝服紫袍为对，赌昌宗翠裘。

武则天微笑摇头：不公平，一袭朝服紫袍，如何能赌稀世之宝集翠裘？此裘价逾千金！

狄仁杰温和地说：臣的朝服紫袍，是朝见天子之衣。集翠裘，不过是宠幸之服，以翠裘对紫袍，臣犹怏怏，心中不公！

武则天大笑，同意对垒。双陆对决，张昌宗败下阵来。狄仁杰一言不发，

拿起集翠裘，扬长而去。

唐玄宗李隆基，也喜爱玩双陆，经常和嫔妃在宫中下双陆棋。

但他是音乐天才，双陆棋艺却平平。

当时，岭南进贡了一只鹦鹉，全身雪白，聪慧可人，皇帝养在身边，不离左右，宫中呼为“雪衣娘”。

皇帝下双陆棋时，一旦棋局不利于皇帝，近侍一个眼神，“雪衣娘”从天而降，搅乱棋局。皇帝大笑，双陆只好从头开始。

有一天，李隆基和杨贵妃对垒，“雪衣娘”相助，皇帝大获全胜，喜出望外，吩咐大太监高力士，赏赐绯袍。

明代时，双陆棋风行宫中。

明人郭登写《双陆诗》：

一笑承恩便赐绯，论他当局却全非。
平生学得檀公术，打马沿边走似飞。

《内人双陆图》　唐　周昉

此画描写唐装贵族妇女以棋戏消遣的生活。

投壶

投壶，是宫廷宴会之时的趣味游戏。

每次宫廷宴会，必须准备一把壶，一捆箭。

投壶时，众人依次拿着箭，投向壶中，投中多者为胜；最少者罚酒。宴会上，有监督，有酒官。罚酒时，受罚者恭恭敬敬，跪伏捧酒，一饮而尽，称为赐灌。

宫廷宴会中，投壶十分风行。皇帝、后妃、宫女、太监，都喜爱投壶活动。

投壶之箭，宫中称为筹。当时，规定："筹，室中，五扶；堂上，七扶；庭中，九扶。"四指，为一扶。投箭距离，大约七尺。壶中，装有豆子，以防反弹。

投壶的地方，三处：日中，室内；傍晚，堂上；晚上，庭中。

汉代时，宫廷流行投壶。

汉武帝是投壶高手，无人能敌。每次宴会，必定投壶。

当时，宫廷戏臣郭舍人，是投壶顶级高手：人们投箭入壶，害怕箭会反弹出来；郭氏投箭入壶，会让箭反弹回到手中，百投百返。汉武帝十分欣赏郭氏，每次宴会，总是命郭氏代他投壶，皆必赢，皇帝大喜，赏赐金帛。

大唐宫廷，流行投壶活动。大臣上官仪，曾写《投壶经》。

唐代皇帝喜爱投壶，经常和后妃、宫女投壶取乐。

诗人李白，有诗为证：

帝旁投壶多玉女，三时三笑开电光。

当时，宫中流行投壶歌，宫女传唱：

上金殿，着玉尊。延贵客，入金门。入金门，上金堂。东厨具肴膳，椎牛烹猪肝。主人前进酒，琴瑟为清商。投壶对弹棋，忆欢作娇时。

唐代诗人曹唐，《投壶诗》：

八卦投壶

现代仿古。口径10厘米，耳径4.5厘米，高32.5厘米，底部直径10厘米。介绍一种投壶积分的规则：每人四支箭，距离投壶一定距离开始投射。只有将箭投入壶中或者两耳中才可得分。第一箭『有初』，投入者得10分；第二箭投入者得5分；第三箭投入者得5分；第四箭『有终』，投入者得20分。第一箭未投入，二三四箭都投入者，叫『散箭』，各记1分。投入两侧耳者叫『灌耳』。

北斗西风吹白榆，穆公相笑夜投壶。

花前玉女来相问，赌得青龙许赎无。

明代宫廷，喜爱投壶，风靡宫中。

大臣丘浚，曾写《投壶诗》：

玳瑁筵开宴玉楼，哨壶枉矢请相投。

力期一中端倪巧，语重三辞礼数优。

罚盏饮来分胜负，倚竿正处迭赓酬。

山翁不管淹留醉，只倚银瓶漫数筹。

豆叶戏

豆叶戏，又叫掉城戏，是明神宗朱翊钧在宫中发明的。

明神宗喜爱博戏，发明了豆叶戏：玩法很简单，分大、小两种。

小豆叶戏，用色罗一方，绣出井字，界作九营：中一营，为上营；四方四营，为中营；四角四营，为下营。

玩豆叶戏，让宫女用银钱，或小银球，随意投掷：落入上营，赏银九两；落入中营，赏银六两；落入下营，赏银三两；双抛双赏，单抛单赏；落在营外，或者压着井字，罚银六两。

大豆叶戏，规模较大：在皇帝御前，大约十步开外，画界为一座方城；方城城内，用数个十字，划成八个部分，分成八城；每座城上，分别写银十两至三两。

玩豆叶戏，让太监用银豆叶（豆叶大的银子），或者八宝，随意投掷：落在某城，就照数赏赐；落在城外，或者压线，罚相应的银子，收其所掷物。

豆叶戏，是一种赌博。这种赌戏，宫中太监称为掉城戏。

万历末年，烽烟四起，北边边城抚顺、开原相继陷落，被后金占有。

掉城戏，宫中视为不祥之戏，随后悄然消失。

弹射

习射，是中国皇帝的必修课。

习射，是仁爱之道，能够正己，能够立世。

《白虎通》称：天子习射，助阳气，达万物也！

明代宫中，专设弹子房。弹子房，设掌房一人，佥书数人，专备各种弹弓、弹丸。

宫中弹子房弹弓，种类很多，非常精巧，制作别致。

弹丸，一般为泥丸，其大小轻重，各有不同。

宫中弹丸，用黄布袋装着，以备皇帝随时使用。

皇帝想玩弹射时，一声令下，太监们立即呈进。

明武宗朱厚照，喜爱玩乐，最爱玩弹射，技艺相当不错。

有诗为证：

黄旗飘飐凤城开，回鹘新装小队来；
马上高弹白翎雀，十三弦底隐春雷。

明崇祯皇帝朱由检当政时，内忧外患。政务繁忙之余，崇祯皇帝也不忘玩弹弓。弹弓轻巧，所需臂力，远远比不上射箭，简便省力，非常好玩。

崇祯皇帝的技艺并不逊于明武宗。

有一次，崇祯皇帝在西苑游玩，拿着弹弓，连发，射下两只鸟。一旁的侍从宦官，立即跪拜庆贺，山呼万岁。

蹴鞠

蹴鞠，又名蹋鞠、蹴球、蹴圆、筑球、踢圆等。

“蹴”，用脚蹴、蹋、踢之意。“鞠”，最早时，是外包皮革、内实米糠的球。“蹴鞠”，就是古人以脚蹴、蹋、踢皮球的活动，就是踢足球。

据史料记载，早在战国时期，中国就开始流行娱乐性踢球活动，称为蹴鞠戏。

从汉代开始，蹴鞠，成为兵家练兵的最佳方法，在兵营中风行一时。

宋代时期，皇帝喜爱蹴鞠，开始出现了蹴鞠组织和专业蹴鞠艺人。

清代之时，皇帝重视武事，喜欢蹴鞠，蹴鞠流行；宫廷之中，还出现冰上蹴鞠，称为蹵鞠。

蹴鞠，是中国古代流传久远、影响较大的军事、体育活动。

蹴鞠之“鞠”，古时已有，称为石球。

石球，大约十万年前，中国丁村文化遗址首先出土。四万年前，许家窑文化遗址，开始大量出现。

石球，是古人的狩猎工具，也是求生技能。

大约在原始社会后期，开始出现了用脚踢的石球，以及镂空的陶球。

相传，蹴鞠，是黄帝创造发明的。

西汉宫廷目录学家刘向写《别录》，记载：“蹴鞠，传言黄帝所作。”

明代时，《太平清话》记载：“踏鞠，始于轩后，军中练武之剧，以革为元囊，实以毛发。”

意思是说，蹴鞠，始于黄帝，开始用于军事训练。鞠，是用皮子做成的，呈圆形，里面装满毛发。

战国时期，出土之帛书，记载：黄帝杀死蚩尤以后，“充其胃以鞠，使人执之，多中者赏”。

战国之时，人们喜爱蹴鞠，称为“蹋鞠”。

《战国策·齐策》记载，齐国首都临淄，人们生活自由，爱好丰富多彩：“临淄之中，七万户……甚富而实。其民，无不吹竽、鼓瑟、击筑、弹琴、斗鸡、走犬、六博、蹋鞠者。”

西汉司马迁所著《史记·扁鹊仓公列传》中记载：西汉时，身为安陵阪里公乘之项处，因为痴迷“蹴鞠”，虽然身患重病，不遵医嘱，依然外出，继续蹴鞠，结果不治身亡。

后来，“蹴鞠”一词，西汉史学家班固在《汉书》之中，多次记载。

两汉、三国时期，蹴鞠快速发展。

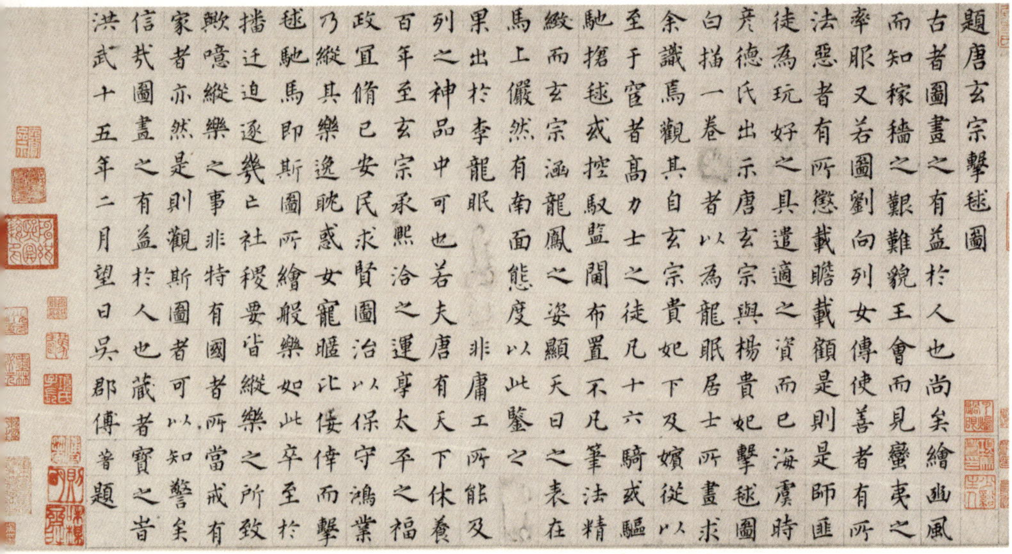
題唐玄宗擊毬圖
古者圖畫之有益於人也尚矣繪幽風而知稼穡之艱難貌王會而見蠻夷之率服又若圖劉向列女傳使善者有所法惡者有所懲載瞻載顧是則是師匪徒為玩好之具遣適之資而已海虞時齊德氏出示唐玄宗與楊貴妃擊毬圖白描一卷者以為龍眠居士所畫求余識焉觀其自玄宗貴妃下及嬪從以至于宦者高力士之徒凡十六騎或驅馳搯毬或控馭盤闢布置不凡筆法精緻而玄宗涵龍鳳之姿顯天日之表在馬上儼然有南面態度以此鑑之果出於李龍眠非庸工所能及列之神品中可也若夫唐有天下休養百年至玄宗承熙洽之運享太平之福政宜脩己安民求賢圖治以保守鴻業乃縱其樂逸耽惑女寵暱比佞倖而擊毬馳馬即斯圖所繪般樂如此卒至於播迁追逐幾亡社稷要皆縱樂之所致歟噫縱樂之事非特有國者所當戒有家者亦然是則觀斯圖者可以知警矣信哉圖畫之有益於人也藏者寶之旹洪武十五年二月望日吳郡傅著題

中書舍人金湜題

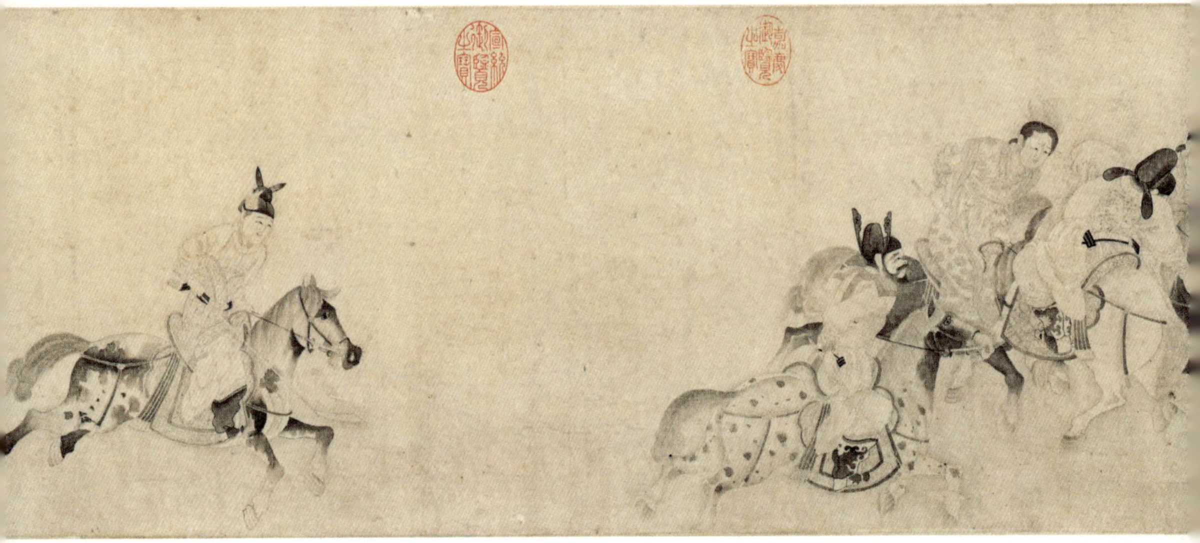

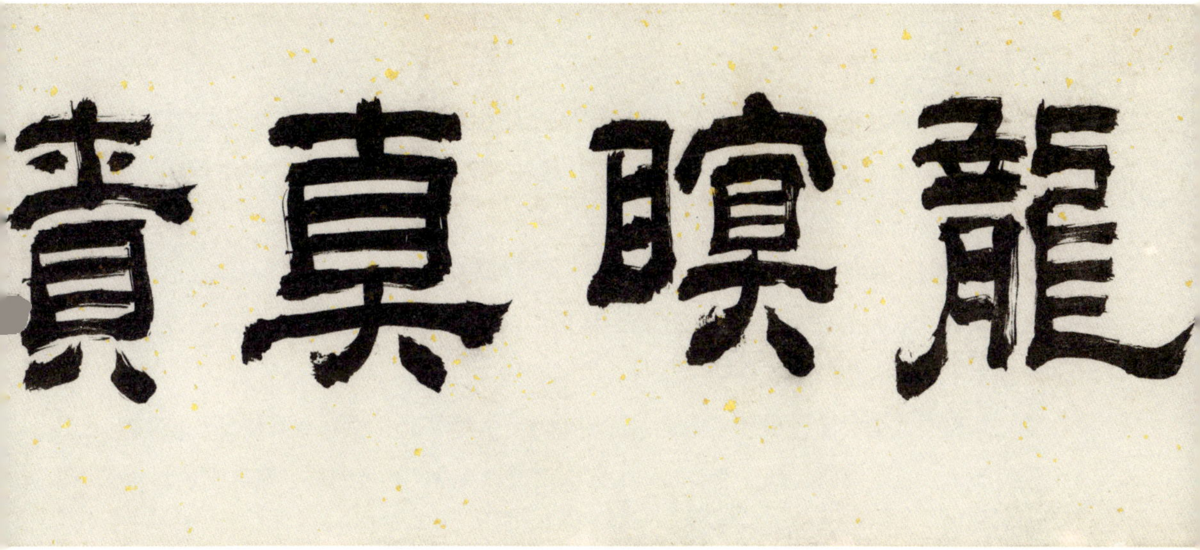

《明皇击球图》　宋　李公麟

纵 32.1 厘米，横 230.5 厘米。绘的是唐明皇等众人乘马击球的场景。马球是唐宋年间，比较盛行的一项体育运动。整幅画作构图完整，画面具有动感，作者将唐明皇画于正中，表现了他的身份和地位。

人们随时随地，蹴鞠取乐，变成一种娱乐性活动。史书记载：“康庄驰逐，穷巷踏鞠”“上以弓马为务，家以蹴鞠为学”。

社会生活之中，开始出现了表演性团队，大街小巷，表演蹴鞠：表演之时，在鼓乐伴奏下，专业人员进行蹴鞠表演，以脚、膝、肩、头等部位，展示控球技能，表演精彩，博得喝彩，赢得钱物。

汉代时，画像石、画像砖上，就有精彩的蹴鞠表演，包括单人蹴一鞠、单人蹴两鞠、双人击鼓蹴鞠等；有足踢、膝顶、双腿齐飞、单足停鞠、跃起后勾等精彩形象，人称“蹴鞠舞”，是百戏中的表演节目。

蹴鞠，成为时尚，出现了竞赛，称为蹴鞠赛。竞赛时，设有专门鞠场。鞠场呈长方形，东西向，设有坐南面北大殿，供贵宾观赏；赛场四周，建有围墙，称为鞠城。

东汉李尤，在《鞠城铭》中描述了蹴鞠之法：“圆鞠方墙，仿象阴阳。法月冲对，二六相当。建长立平，其例有常：不以亲疏，不有阿私；端心平意，莫怨其非。鞠政犹然，况乎执机！”

蹴鞠流行后，更广泛用于军中练兵。

刘向在《别录》中记载：“蹋鞠，兵势也。所以练武士，知有才也，皆因嬉戏而讲练之。”

蹴鞠，被称为“兵势”，用于训练军中武士，丰富军营生活，能够锻炼战士，保持体能，“今军无事，就使蹴鞠”。

班固将蹴鞠列入兵家技巧类，称：“以立攻守之胜者也。”唐朝颜师古注云：“蹴鞠，陈力之事，故附于兵法焉。”

汉代,是中国蹴鞠发展的第一个高潮。唐宋时期,是蹴鞠发展的第二个高潮。

这个时期，蹴鞠之鞠，发生了变化：从充毛发，发展到了充气球。

蹴鞠，一直是塞满毛发，是实心球。从唐代开始，出现了充气球。也有人说，南朝时期，就出现了充气球。

唐代仲无颇写《气毬赋》：“气之为球，合而成质。俾腾跃而攸利，在吹嘘而取实。尽心规矩，初因方以致圆；假手弥缝，终使满而不溢。苟投足之有便，知入门而无必。时也广场春霁，寒食景妍。交争竞逐，驰突喧阗。或略地以丸走，乍凌空以月圆。”

唐代时，蹴鞠成为广泛喜爱的大众娱乐活动。从皇帝到百官，从士子到百姓，人人喜爱蹴鞠。这时，正式进行比赛，出现了球门。

马端临在《文献通考·乐考二十》中称：“蹴毬盖始于唐，植两修竹，高数丈，络网于上，为门，以度毬。毬工分左右朋，以角胜负。”

设立球门，蹴鞠进入了比赛竞技时期。早期，是单球门，主要是在宫廷宴会时进行。后来，随着皇帝、贵族、达官贵人的喜爱，蹴鞠进入直接对抗竞技，对踢准技艺要求更高。

宫廷中，出现了正式球场。筑球场时，在球场中央，竖立两根球杆，高约三丈；上部球门，直径约一尺，称为风流眼；比赛时，分为对抗两队；球队衣服，颜色不同，称为左右军，分站两边；每队球员十二，或者十六人，分别称为球头、骁球、正挟、头挟、左杆网、右杆网、散立等；球头、队员的帽子，稍有区别。

比赛之时，以鸣笛、击鼓为号。左军队员，率先开球。比赛之时，互相颠球、运球，数次之后，传给副队长；副队长颠球数次之后，待球端正稳当，传给队长；队长颠球，将球踢向风流眼，过者为胜；左军之后，就是右军，颠球相同；结束之时，按照过球多少，决定胜负；胜者有赏，负方受罚；负者队长，要吃鞭子，脸上涂白粉。

宋代时，蹴鞠活动，广为普及。

宋代皇宫内院，设立球场，皇帝喜爱蹴鞠，更是风靡。

元代钱选，绘《宋太祖蹴鞠图》，描绘宋太祖赵匡胤与赵炅、赵普等宰相大臣共同踢球的场景。

当时，平民百姓，以蹴鞠为乐。市民常常在御街、横街，随兴蹴鞠，“举目则秋千巧笑，触处则蹴鞠疏狂”。

有趣的是，当时女子也可以参与蹴鞠活动。宋代铜镜中，出现了男女相对踢球的纹饰。宋代陶枕，描绘了少女踢球的情景。

宋代时，踢球活动五花八门。

有一种踢法，不用球门，称为白打。

《宋太祖蹴鞠图》
画中描绘的是宋太祖赵匡胤、太宗赵匡义和几个臣子一起蹴鞠踢球的场景。《宋史·礼志》《乐志》中记载着，凡朝廷盛大筵席都会出现蹴鞠活动表演。由此可以看出这是一项宋朝皇家贵族都喜爱的运动，这幅画也为后人研究中国古代足球的发展提供了珍贵的资料。

白打，有一人场，有十人场。

一人场，参加者逐一上场，轮流表演，称为井轮；表演球技，用足、头、肩、臀、胸、腹、膝等部位，分别踢球、接球、运球；使球高起落下，称为“飞弄”；使球起伏于身上翻滚，称为“滚弄”；表演时，以表演花样多少、技艺高低，决定胜负。

二人以上，至十人场，分别称为二人场、转花枝、流星赶月、小出尖、大出尖、落花流水、八仙过海、踢花心和全场赛。每种竞赛，各有规定的踢球路线：用上身触球，称为上截解数；膝以上部位触球，称为中截解数；用小腿、脚踢球，称为下截解数。

当时，蹴鞠踢法，各类繁多。《蹴鞠谱》记载：“脚头十万踢，解数百千般。”

蹴鞠蓬勃发展，开始出现蹴鞠组织，订立社规。

南宋时期，出现了蹴鞠艺人组织的团体，称为“齐云社”“圆社”。

这是当时专门的蹴鞠组织，专业从事蹴鞠活动，组织比赛，宣传推广。

齐云社，专门制定了《齐云社规》。其中，有“十紧要”：要和气，要信实，要志诚，要行止，要温良，要朋友，要尊重，要谦让，要礼法，要精神。“十禁戒”：戒多言，戒赌博，戒争斗，戒是非，戒傲慢，戒诡诈，戒猖狂，戒词讼，戒轻薄，戒酒色。

宋人蹴鞠，影响很大，有诗为证：

> 蹴鞠成功难尽言，消食健体得安眠。
> 本来遵演神仙法，此妙千金不易传。
>
> 巧匠圆缝异样花，智轻体健实堪夸。
> 能令公子精神爽，善诱王孙礼义加。

辽金元时期，蹴鞠活动如火如荼，正式成为皇帝寿辰时的宫廷表演和朝廷节庆的重要节目。

史书记载：“皇帝生辰，乐次……酒六行，筝独弹，筑球。”

金元之时，戏曲家关汉卿，写《不伏老》散曲，自述平生：“我也会围棋，会蹴鞠，会打围……”

元代散曲称：“见游人车马闹，王孙争蹴鞠。”

蹴鞠活动，十分普及，男女对踢，屡见不鲜。

元曲中称：“似这般女校尉，从来较少，随圆社常将蹴鞠抱抛，占场儿陪伴了些英豪。那丰标，体态妖娆……”流传下来的元代两块铜镜，上面有足球纹，铜镜背面浮雕，是一对男女，在兴致勃勃地对踢。

明代时，蹴鞠活动，广泛流行。

《明史》记载，吴王张士诚，其弟张士信，“每出师，不问军事，辄携樗蒲（一种赌具）、蹴鞠，拥妇女酣宴”。

朱元璋称帝后，发布圣旨，严禁军人蹴鞠。

明代时，出现了专门制作“鞠”的专业手工业作坊，出售各式各样的鞠，称为“健色”。当时，据《蹴鞠图谱》记载，“健色名”达二十四种之多。后来，《蹴鞠谱》中，“健色名”达四十种。

明初时，据《蹴鞠图谱》记载，圆社锦语，有四十五个；明朝中后期时，据《蹴鞠谱》记载，圆社锦语，达一百三十个。

蹴鞠，在中国宫廷之中，一直十分流行，特别是宋代、明代宫中，皇帝十分喜爱，风行一时。

明代宫中，经常举行蹴鞠活动。

据《崇祯宫词》记载，崇祯时期，皇帝宠爱田贵妃，她和宫人一起，经常蹴鞠。有诗为证：

锦厨平铺界紫庭，裙衫风度压娉婷；
天边自结齐云社，一簇彩云飞便停。

清代时，蹴鞠活动，寥寥无几。

满族人喜爱骑射，喜欢滑冰，宫中出现了“冰上蹵鞠”活动。

清初，每年冬天，在御园太液池（北海），宫中举行冰嬉活动：“习劳行赏，以简武事而修国俗。”

每年农历十月，宫中开始准备冰嬉，“每旗，照定数，各选善走冰者二百名。内务府，预备冰鞋、行头、弓箭、球架”。冬至后九日，皇帝主持冰上活动：“驾幸瀛台等处，陈设冰嬉，及较射天球等伎……”

宫廷冰嬉活动，丰富多彩，包括：冰上蹩鞠、打滑挞、冰上杂戏、冰床（凌床）、速滑等。

击球

击球之乐，盛行宫廷。

明成祖朱棣，崇尚武事，喜爱击球。据史书记载，朱棣曾多次前往东苑，观看击球、射柳。

永乐十一年（1413），重五日，朱棣亲临东苑，观战击球。

当时，击球官分为两朋：驸马都尉广平侯袁容，率领左朋；宁阳侯陈懋，率领右朋。

皇帝亲临，观赏激战。皇室之中，自太孙以下，诸王大臣，都参加比赛，竞技击射。优胜者，皇帝亲自赏赐彩帛、夏布。

《明宣宗行乐图》，展现了明宣宗观看击球的场景。

有趣的是，《明宣宗行乐图》中，明宣宗身着便服小帽，双手合持球棒，亲自捶丸，生动有趣。

《端午日观打球应制》诗，生动地描述了击球比赛：

玉勒千金马，雕文七宝球。
鞚飞惊电掣，伏奋觉星流。
欻过成三捷，欢传第一筹。
庆云随逸足，缭绕殿东头。

《明宣宗行乐图卷》　明

纵 36.7 厘米，横 690 厘米。现藏于北京故宫博物院。此画卷表现的是明宣宗朱瞻基着便服在园中观赏体育活动表演的场景，绘出了射箭、蹴鞠、马球、捶丸、投壶等诸多活动，读者可以清晰地看到古代宫廷体育运动的种类，了解古人的文化体育生活。画中红色墙门内小桥流水，草木繁盛，一片欣欣向荣之景。此卷描绘了大量的建筑，以细腻工整的手法还原了明代皇宫精致的亭台楼阁，生动地向我们展现了皇宫琳琅的建筑和奢华的生活。

水嬉

水嬉，明清宫中，十分流行。皇帝亲自参与，非常繁盛。

明代宫中，水嬉活动，通常在玉熙宫。

玉熙宫，位于西安门北，金鳌玉蝀桥西。

明宫水嬉活动，就是水上游戏。

宫中，用上好轻木，雕成船只。雕刻海外诸国、先贤文武男子诸像，高约二尺，彩画木像，栩栩如生——有臂，无足，底平，下面安卯榫，用竹板相承。

水戏，在方木池中举行。池里，盛满清水，有鱼虾，有萍藻。水池后，设一纱幛。水傀儡操作者，在幛后游移转动。水面上，人物做各种动作，旁边有人配音。

明代宫廷，水嬉活动通常是在夏天举行。

夏天暑热炎炎，从事水嬉活动，皇帝既做游戏，又能消暑，还能消磨长夏。明崇祯皇帝于夏日时节，喜欢在玉熙宫宴饮，观看水戏。

1642年夏天，崇祯皇帝在玉熙宫观看水戏，正兴致勃勃地品尝美食，突然，加急边报飞至，汴梁失守，亲王被害！

崇祯皇帝悲痛欲绝，放声大哭。玉熙宫宴饮、水戏，马上停止。

从此以后，内忧外患日益严重，崇祯皇帝再也没有到过玉熙宫。

诗人写《琵琶行》：

先皇驾幸玉熙宫，凤纸金名唤乐工。
苑内水嬉金傀儡，殿头过锦玉玲珑。

冰嬉

明清宫廷，冬天举行冰上活动，称为冰嬉。

冰嬉，就是冰上嬉戏的简称，泛指一切冰上的玩乐活动。

中国北方地区，非常寒冷，很早以来，就有这一类冰嬉活动。

宋代时，沈括所著《梦溪笔谈》中，就有凌床的记述。

明代宫中，很重视冰嬉。寒冬时节，宫中有各种冰上活动。

据《明宫史》记载，阳德门外，冬至结冰，可拉拖床，用木作平板，上加交床，一人在前面引绳，可拉二三人，在冰上奔行如飞。

明代时期，西内太液池，是宫中皇帝的理想冰嬉场所。

宫中发明了拖床，供皇帝冰上游乐。

史书记载："西内太液池，玉河桥下，长至冰合，竟作木床，牵渡冰上如飞，谓之拖床。"

明嘉靖年间，皇帝修真入道，长年住在西内。

嘉靖二十一年（1542）正月十六日，皇太子从宫中前往西内，拜见父皇，就是坐着拖床渡过太液池的。

辅政大臣夏言，写诗描述：胡床稳坐渡层冰。

《明宫词》，有诗为证：

> 玉楼银殿雪婆娑，西水桥边冻不波。
> 一霎胡床冰上过，主儿飞渡北花河。

钟鼓司演戏

明代时，宫廷成立专门的戏班子，是宦官机构，称为钟鼓司，全部成员由宦官组成。

《冰嬉图卷》 清 金昆 程志道 福隆安

纵35厘米，横578.8厘米。

画面右方还有嵇璜写的乾隆的《御制冰嬉赋有序》。在图中可看出，冰场上参赛人数众多，有插旗者，有射箭者。彩旗共分八种，分别代表着清朝八旗。运动场上，有花样滑冰的，杂技的，还有军队性质的射箭等活动，舞者有序，场面甚是震撼，上至帝王、王公贵族，下至朝中臣子都会来观看表演。

《画御制雪中坐冰床即景》（局部） 清 钱维城

台北故宫博物院藏。此画根据乾隆皇帝御制诗《雪中坐冰床即景》所画，描绘的是冬季，乾隆皇帝乘坐黄幄冰床的场景。

《西厢记图册》　明　仇英

图册共八页，每页横 18.5 厘米，纵 38 厘米。美国弗利尔美术馆藏。《西厢记》是元代戏剧作家王实甫写的一本杂剧，是古代通俗文学中描绘爱情的剧本。讲述是书生张生与相国之女崔莺莺相爱，在婢女的帮助下，冲破了封建门第等级观念的束缚，有情人终于成眷属的故事。《西厢记》出世后，社会反响甚高，古代许多著名画家都画过《西厢记》的图册或插图，如仇英、唐寅、陈洪绶等都以此故事为背景创作过作品。

钟鼓司，设掌印太监一人，佥书数十人；其专职演艺人员，包括司房、学艺官二百余人；主要掌管：圣驾出朝钟鼓、演戏。

按照宫廷规定，凡是圣驾朝拜圣母回宫、皇帝万寿圣节、冬至、年节升殿、回宫，钟鼓司必须派员侍驾，演戏助兴。

钟鼓司员工，头戴青攒，顶缀五色绒，身穿补红贴里，在皇帝圣驾之前，作乐前导，迎导皇帝出行、升座，承应戏曲。

端午节时，皇宫斗龙舟、插柳，重九登高，岁暮宫中大傩，日食、月食，救护打鼓，都由钟鼓司负责。

钟鼓司演戏之剧目，大多源自金元时期宫廷戏院院本。

宫廷演出，很少是整场演出，通常是皇帝、太后、后妃传唤，演出一部戏中的几折。

钟鼓司承应太监，随叫随到，经常奉命演出，执板清唱。

钟鼓司太监演戏，戏目繁多，天长日久，皇帝已很熟悉，不免生厌。于是，重大庆典时，明代宫廷，有时召宫外戏班入宫献艺。

明崇祯年间，皇后生日，沉香班优人，奉旨入宫，演出《西厢记》《玉簪记》。

钟鼓司演戏，寓教于乐，雅俗共赏，有时有劝导勤政之功。

明代宫中规定，每年秋收季节，钟鼓司要演出打稻戏，用以劝农，使皇帝知道农事艰难。

《明宫史》记载：西内，秋收时，有打稻戏。圣驾临幸旋磨台、天逸殿等地。钟鼓司，扮农夫、农妇和田畯官吏，征租、交纳、词讼等事。内官监等衙门，伺候供应所有器具。祖宗所传，使后人知稼穑之艰难。

过锦戏，是市民工。

过锦戏，一百回。每回为一场，上场演员十余人，各有引旗一对，锣鼓送上；他们分别装扮民间各色人物，包括少女、中年妇女、买卖商贾、市井无赖等，表现他们的日常生活和日常矛盾冲突，备极世间百态，穿插杂要、百戏，十分有趣。

明神宗爱好戏曲，曾专门降旨，设四斋，演传奇戏，孝敬其母亲皇太后。

清宫御膳房

清代宫中，膳食机构为内务府和光禄寺。

内务府，负责皇族一应事务。内务府中，御茶膳房，专门负责宫廷膳食，是负责皇帝膳食的专门机构。

御茶膳房，包括：茶房、清茶房、膳房，主管皇帝、后妃日常膳食，负责举办部分宫廷宴席活动。

茶房，设总领三人，承应长四人，承应人三十六人，茶房人十七人。

清茶房，设承应长四人，承应人十六人，茶役八人。

膳房，设总领三人，饭房人三十五人，承应长二人，承应人十五人，庖长三人，庖人二十人。

清代皇帝用膳，地点不固定，一般在寝宫和皇帝当时活动的地方。

皇帝用膳，每天两餐：早餐、晚餐。

早膳，多在卯正以后，早晨七点左右。晚膳，多在午、未之间，下午一点左右。晚上酉时，六点左右，进一次晚点，通常是宫廷小吃。

传膳时，太监先布置好膳桌。膳食出房传出，立即摆好。

没有皇帝特别降旨，任何人，任何时候，不准靠近膳桌，禁止和皇帝同桌进膳。

太后、皇后、妃嫔等人，通常在自己的宫中用膳，不和皇帝一起进膳。

清代皇帝、后妃膳食，有明确的规定，宫廷档案，记录在案。

清宫膳食，品种之多、制作之精、色泽之美，令人咋舌。

根据档案记载，皇帝膳食，每日备办供例，包括：

盘肉二十二斤，汤肉五斤，猪油一斤，羊二只、鸡五只、鸭三只；白菜、菠菜、香菜、芹菜、韭菜等，十九斤；萝卜六十个；葱，六斤；酱六斤；醋二斤；早、晚，随膳饽饽（水饺）八盘，每盘三十个。

皇帝，例用乳牛五十头；每头牛，日产乳，二斤，共一百斤。

雍正珐琅彩红碗

皇后、妃嫔等人，各有份例子。

清代宫中，皇帝御膳，极为精美。

同治时期，皇帝即位，除夕之夜，御膳包括：

大碗菜四品——燕窝万字金银鸭子、燕窝年字三鲜肥鸡、燕窝如字锅烧鸭子、燕窝意字什锦鸡丝；

中碗菜四品——燕窝溜鸭条、攒丝鸽蛋、鸡丝翅子、溜鸭腰；

碟菜四品——燕窝炒炉鸭丝、炒野鸡爪、小炒鲤鱼、肉丝炒鸡蛋；

片盘二品——挂炉鸭子、挂炉猪；

饽饽二品——白糖油糕，如意卷；

燕窝八仙汤。

宫廷美酒

明代宫中，皇帝、后妃用酒，不是由光禄寺提供，而是专设御酒房。

御酒房，由太监掌管。御酒房中，设提督太监一人，佥书数人。

明宫御酒房造酒，味道醇厚，酒味香浓。著名御酒，包括：荷花蕊、寒潭香、秋露白、竹叶青、金茎露、太禧白。

明崇祯皇帝，喜爱喝金茎露、太禧白，称其为长春露、长春白。

明末大太监魏忠贤当权之时，掌管后宫，经常在宫外造酒，送进宫中，由御酒房太监进呈皇帝。当时，名酒极多，包括：金盘露、荷花蕊、君子汤、佛手汤、天乳、琼酥等。

清代宫中，酿酒业如火如荼，多产名酒。

清代康熙皇帝，勤于政务，严厉戒酒，特别写御制诗，刻于元宫留下的黑玉酒瓮上，终身放弃饮酒之乐。

乾隆皇帝喜爱饮酒，宫中名酒众多，大臣投皇帝所好，纷纷进献酒方。

大臣张照，献松苓酒方。乾隆皇帝下令，照方酿酒：前往深山，寻找古松，挖至树根，将酒瓮开盖，埋在树根下，天长日久，松根液体被酒吸入；一年之后，挖出酒瓮，酒色醇香，色如琥珀，味道极美。

乾隆皇帝，每天喝酒，包括松苓酒、龟苓酒、巴茅酒等，有益于健康长寿。

《归田琐记》记载，乾隆皇帝降谕，令宫中特制银斗盛水，品评天下泉水优劣。品尝结果：北京玉泉山水，斗重一两，第一；塞上伊逊河水，斗重一两，并列第一；济南珍珠泉水，斗重一两二，第二；扬子江金山泉水，斗重一两三，第三；无锡惠泉水、杭州虎跑水，各重玉泉水四厘；距玉泉山咫尺之遥的西山碧云寺泉水，重玉泉水一分。经过皇帝品评，玉泉水，钦定为天下第一泉。

龙凤酒坛

犀角雕螭龙杯　清早期

高 10.2 厘米。

宜兴紫砂莲花杯 清 陈鸣远

5.0厘米 ×8.3厘米 ×7.3厘米。

白玉婴戏杯 清中期

高9.5厘米，宽20.3厘米。

皇宫用水，全部取自玉泉山；宫中御酒，全部由天下第一泉酿造。

清宫酿酒，不由内务府负责，而由光禄寺负责。

光禄寺，设良酝署，专司酒醴之事。

西安门内，有酒局房二十四间，设六名酒匠、两名酒尉，具体负责酿酒事宜。

清宫酿酒，取春、秋两季玉泉水，用糯米一石、淮曲七斤、豆曲八斤、花椒八钱、酵母八两、箬竹叶四两、芝麻四两，精心酿酒，造玉泉美酒九十斤。

玉泉酒，用于皇帝日常用酒。

宫中御膳房做菜，用玉泉酒调料。

每年，正月祭谷坛，二月祭社稷坛，夏至日祭方泽坛，冬至日祭圜丘坛，岁暮祭太庙，用玉泉酒为福酒供祭。

每年腊月三十，茶膳房首领太监，会同药房首领太监，亲自制作御用屠苏酒：

用大黄、桔梗、白术、肉桂，各一两八钱；乌头，六钱；菝葜，一两二钱，研成细末，用缝囊装好，悬于药房井内，离水三尺；

正月初一，子初之时，取出；

用木瓜酒一斤，冰糖面五钱，一同煎熬。

新春佳节，皇帝饮屠苏酒，屠绝鬼气，苏醒人魂，除瘟避疫。

每年五月初五，端午节，将雄黄加入酒内，制成雄黄酒，包括雄黄玉泉酒、雄黄太平春酒。

每年端午，皇帝、后妃们饮用雄黄酒，解毒避疫。

宫廷之中，有不少药酒，由御药房配制，用以健身祛疫。还有众多低度酒，包括黄酒、木瓜酒、五加皮酒，随时饮用。

嘉庆皇帝，长期饮用清热除湿酒。

同治、光绪年间，西苑南海瀛台，种植莲荷上万株。

慈禧太后喜爱饮酒，令小太监采取莲花蕊，加药制酒，称为莲花白酒。

慈禧太后喜爱鲜花，特别是菊花，酿造成酒，称为菊花白酒。

清宫升平署

宫中演戏活动，历史悠久。

汉张衡写《西京赋》，详尽描述了汉代平乐馆中百戏娱乐生活。

三国时，魏明帝喜爱乐舞，宫中常有演出活动。

唐明皇时，正式设立教坊，增加女伶，演出助兴。

宋徽宗喜制新乐，下令大晟府会同教坊司，演习乐舞。

金代时，皇帝喜欢鼓吹乐，设置教坊提点，教坊成为正式官职。

元代时，有宫内戏，演出戏曲。

明代时，设钟鼓司，专门演戏，以武宗、神宗时为最盛。

清顺治元年（1644），设立教坊司，宫廷宴会，令乐官之妻率领教坊女乐二十四人，演出奏乐。设随銮细乐，太监十八人，负责演出。皇帝巡幸、亲诣坛庙、祭祀活动，等等，均由细乐承办。

教坊司掌乐，分为雅乐和俗乐两种。雅乐，包括中和乐、丹陛乐等。俗乐，包括百戏、队舞、讴歌等。

雍正元年（1723），除乐户籍，择选精通音乐之人，充实教坊，成为教坊乐工。

雍正七年（1729），教坊司改名"和声署"。

乾隆初年（1736），设立南府，赐名"内中和乐处"。司艺太监，称为"内学"。

乾隆七年（1742），设立乐部，规定：太常寺、神乐观，司祭礼乐；和声署、掌仪司，司朝会乐、燕飨乐；銮仪卫，司卤簿乐等，统属乐部。

乾隆初年，皇帝命张文敏照制院本进呈，以备演习。当时，署中剧本，均由南书房行走撰写。

清代宫中，戏剧活动频繁，以"南府"和"景山"最有名气。

"南府"，明代时是灰池。清初，改造其地，植树造林，培灌苏、杭盆景，

戏服　清

91.4 厘米 ×216.2 厘米。

御用戏服　清宫

94 厘米 ×222.3 厘米。

女戏服　清
高 111.8 厘米。

喑花彩缎女戏衣　清
85.1 厘米 ×289.6 厘米。

清代后妃钥匙牌　从左到右依次为：
象牙汉文皇贵妃钥匙牌（下方对应的是满文钥匙牌）
象牙汉文皇后总钥匙牌（下方对应的是满文钥匙牌）
象牙汉文懿嫔钥匙牌（下方对应的是满文钥匙牌）

称为“南花园”。

乾隆时期，仿唐明皇梨花园中教演弟子的故事，移“内中和乐”“内学”等在此习艺，由内务府管辖；其总管大臣、堂事郎中，因办公园内，为区别西华门内迤北内务府，故名“南府”，地址在长街南口。

“景山”，是旗籍子弟读书所在。

乾隆初年，从苏州、杭州等地，选取民籍艺人入宫，安置在景山居住，称为“景山”。

“南府”，设内三学——内头学、内二学、内三学；外二学——大学、小学；以及中和乐、十番学、跳索学、钱粮处、大差处等。

内三学，由太监习艺。各学，设正、副首领各一人。

外学，即江南民籍乐人、八旗习艺子弟，统称为外边学生。各学，设正、副首领各一人，学生九百人。

中和乐，艺人用太监。凡是皇帝御内殿，皇后御中宫，奏中和韶乐；行礼，奏丹陛大乐，由中和乐掌管。设副首领二人，太监八十人。

十番学，学习十番鼓之艺人，由太监承领，中设首领二人。

钱粮处，是演戏后勤部门，专管衣、靠、盔、杂等物，中设首领二人。

大差处，专管万寿圣节戏剧承应。

宫中承应戏曲节目，主要分为两类：“月令承应”“庆典承应”。

月令承应，包括：元旦、立春、上元诸节承应和花朝、浴佛、赏荷等特殊承应。

元旦承应，大多是祥瑞例戏，如《寿山福海》《椒柏屠苏》《开筵称庆》等。

立春承应，迎春节目，包括《早春朝贺》《对雪题诗》之类。

上元节戏目，主要是承应欢筵节目，包括《嘉夜戏游》《灯月交辉》《紫姑占福》《御花献瑞》《海不扬波》《太平王会》等。

特殊承应戏目，针对节令。花朝承应，《万卉呈祥》《千春燕喜》；浴佛承应，《佛化金神》《光开宝座》；重九承应，《九华品菊》《众美飞霞》等。

庆典承应，包括法宫雅奏和九九大庆两类。

法宫雅奏，指内廷各种喜庆活动承应，如皇帝订婚、皇帝大婚、皇子成婚、皇子诞生、皇子弥月，以及后妃们上徽号、册封等，主要是祥征瑞应节目。

九九大庆，指帝后寿节承应，节目内容，是黄童白叟、群仙神道之类。

皇帝万寿，节目承应，《宝镜开祥》《群仙祝寿》；

皇后千秋节，节目承应，《万年太平》《螽斯衍庆》；

亲王寿辰，有《升平集庆颂尧年》；皇妃寿辰，有《金桃献寿觐龙光》等。

清代宫廷，演戏场所，在紫禁城之中，主要有四处，即畅音阁大戏台、漱芳斋戏台、倦勤楼戏台、寿安宫戏台。

畅音阁，位于紫禁城东部景福宫内。阁分三层，上层额为“畅音阁”，中层额为“道和怡泰”，下层额为“壶天宣豫”。三额两边，为御笔对联：“动静叶清音智水仁山随行会；春秋富佳日凤歌鸾舞适其机。”

畅音阁，高20.71米，建筑面积685.84平方米，建于乾隆四十一年（1776），是清代宫廷中最大的戏台。

每层，各以福、禄、寿为名；两侧，各有场门，可以通向后台。

寿台台面，有五个地井，上应天井三个，均可通向地下室和禄台台面。井旁，设有绞盘，以供演神仙飞天、鬼怪入狱之用。

畅音阁大戏台

漱芳斋“风雅存”小戏台

漱芳斋戏台，在重华宫内，其宫中室内，有“风雅存”小戏台。

乾隆时期，常在元旦等佳节，召集文臣于重华宫，演剧、赐茶，仿柏梁体联句和诗。“风雅存”小戏台，以乾隆御书“风雅存”匾而得名。据说，这里是乾隆皇帝粉墨登场的处所。

倦勤楼戏台，在宁寿宫，是乾隆时期演唱岔曲的所在。

寿安宫，在紫禁城西部。乾隆时期，辟为太后居室。其戏台，供太后万寿节、节日承应之用。台凡三层，上层匾为“庆宵韶护”，联为“凤翥辉呈阿阁瑞；珠联景绘泰阶符”；中层匾为“曾城广乐”，联为“图畴递衍京垓积；律吕环生上下和”；下层匾为“昆阆恒春”，联为“鸣豫叶云韶颂集九如开寿域；祝厘陈彩舞欢联万字谱春台”。

清宫游乐

玩仙图

清乾隆皇帝，创造玩仙图。

玩仙图，取材于古代神话、列仙传，将各种神仙，绘成一幅神仙庆寿图，每位神仙，代表一种吉祥。玩时，用骰子投掷，按图所示，赏赐银钱。

这种新年吉祥游戏，宫中称为玩仙图。

清宫九九消寒

填写《九九消寒图》，是清代宫中十分流行的一种休闲娱乐活动。

这是一种带有中国传统文化知识的填字游戏，有图画，有文字，每天填写，九九八十一天，填字活动结束，就是万物复苏的春天来了。这些有趣的游戏活动给漫长的寒冬带来了一丝温暖，一丝希望，一丝乐趣。

《刺绣群仙贺寿图》 清

纵 184.2 厘米，横 116.8 厘米。『群仙贺寿』是中国传统的吉祥图案，这一图案被广泛用于多种器物和图画上。因为寓意吉祥，所以深受民间百姓喜爱。

《缂丝加绣御题三星图轴》 清 乾隆年间

纵 298.5 厘米，横 109 厘米。这件缂丝《三星图》是颙琰（清嘉庆皇帝）为贺乾隆皇帝万寿所制作的。三星指的是福禄寿三星，画中有仙山祥云、松树花卉、寿桃、仙鹤、梅花鹿、孩童以及三星。禄星抱子，福星端立，寿星捧桃，构造出一幅祥瑞平和之景。卷首为乾隆皇帝御笔『锡羡增龄』，其下为乾隆皇帝御笔《御制三星图颂》。

清代宫中后妃，最喜爱的就是葫芦形《九九消寒图》。

葫芦形《九九消寒图》，将中国历史非常通俗地与传统宫中冬令节气有机结合，浓缩在从冬至开始的头九，到九九春光里，真是雅俗共赏，匠心独运，别出心裁。

葫芦形的图案设计，优美流畅的线条，酷似“中国结”的起终读法，蜿蜒曲折，令人兴致勃勃，趣味无穷。

随图而写的九九消寒诗，朗朗上口，妙趣横生：轻松地诵读下来，既了解了中国的历史，从三皇五帝，直至清朝定鼎中原，又深入浅出地讲读了中国丰富的传统文化，知识广博，出口成章。

《九九消寒图》，双线大字，“雁南飞哉，柳芽待春来”，按照顺序，填写描摹；九个大字，每字九笔，一日描一笔。

填写时，有内中歌谣，读法如下：

汉字竖排，右为句首；从“头九初寒”起，至“大清坐金銮”结束。

填写《九九消寒图》，是岁时风俗，在宫廷之中，一直颇为盛行。

据清吴振棫所著《养吉斋丛录》记载：

> 道光初年，御制《九九消寒图》，用“亭前垂柳珍重待春风”九字，字皆九笔也。懋勤殿双钩成幅，题曰“管城春满”。内直翰林诸臣，每年冬季都要填写这种《九九消寒图》。

宫中懋勤殿，制成待填描写的《九九消寒图》：四周，采用木框插榫，精制而成；图上，裱以纸绫；图中文字，是“亭前垂柳珍重待春风”九字，由道光皇帝御笔亲制，寓迎春之意。

每年冬至节前，悬挂在宫中室内；届时，由室主人执笔，从头九第一天开始填起，逐日填廓；每字九笔，每天填一笔；每填写完一字，便过一九；逐字填成，九九八十一天，冬日已尽，春暖花开。

图上所注，“管城春满”四字，有典故，有出处。

《缂丝加绣九阳消寒图》（局部） 清 乾隆年间 苏州产

纵213厘米，横119厘米。

这件作品是仿宋人绘《九阳消寒图》而编制，采用缂丝加刺绣两种工艺共同完成。画的背景为缂丝工艺，其上附着的人、兽以及树木花草则是绣制。画中共绘有三名孩童，大小共九只羊，寓意『九阳消寒』。天空中绘祥云，地上的枝叶花卉造型饱满，颜色鲜艳。整幅画以红黄蓝白四色为主，对比鲜明，富丽华贵。

据韩愈《毛颖传》解释："笔"，受封于"管"，号"管城子"。"管城子"，笔之别称，寓笔成春满庭之意。

当时，为了度过漫长的寒冬，人们创作了很多这种词句，包括："故城秋荒屏栏树枯荣""庭前春幽挟草巷重茵""亭前屋后看劲柏峰骨"等；每日一字，九九八十一笔，只是用字笔画略作繁减，就可完成一幅《九九消寒图》。

最为雅致的《九九消寒图》，是作九体对联。

上联：柔柳轻盈香茗贺春临；

下联：幽柏玲珑浓荫送秋残。

上联：春泉垂春柳春染春美；

下联：秋院挂秋柿秋送秋香。

每联九字，每字九画，每天一笔，在上联、下联各填一笔，冬尽联成，称为《九九消寒迎春联》。

迎春联，在宫中同样受到青睐，"每岁相沿遂成故事"。

后来，宫中后妃觉得，每天只是简单地描写一笔，太过单调，依然意犹未尽。聪慧的后妃着手增加内容：写完当日一笔之后，再用其他颜色，在当日笔画之上，左右角，记录当日的天气现象，晴阴冷暖。

比如，宫中《九九消寒图》，"亭前垂柳珍重待春风"一幅："亭"字的第一笔上，朱笔写"今日风"；第二笔上，绿笔记"晴暖有风日也"；第三笔上，墨笔填"晴暖日"；第四笔上，记"早晴晚阴"；第五笔上，写"晴暖日"……

彩色笔记录，风靡宫中。

后来，每日所记，内容更加丰富多彩，更为详细有趣。

比如，《九九消寒图》，"春前庭柏风送香盈室"一幅：墨笔字画上，再用白色细笔，填写当日天气情况。"春"字，第三笔，白色笔书写"终日凉风，侵入皮肤如刀刺"；其他笔画中，书写"清晨阴冷，过午后方见日；祭灶天凉，糖瓜入市；腊月正当廿四日，天光阴冷，万象将更新；午后起寒风，尘沙扑面日；万寿无疆；浪费笔墨今日休"等。

总之，《九九消寒图》，每日记载，详略得当，视当日心情而定；笔画长短，视当日天气而定。每年一幅，“九九消寒图”填完，冬去春来，一年冬季天气情况和个人心情，全部档案，记录在案，一目了然。

《九九消寒诗图》

关于《九九消寒诗》，最早的文字记载，是明代太监刘若愚的《酌中志》，称：宫中，年年要由司礼监刷印《九九消寒诗》，“每九，诗四句，自‘一九初寒才是冬’始，至‘日月星辰不住忙’止”……“不知缘何相传，年久遵而不改”。

但是，遗憾的是，他没有把宫中的九九诗全部记下来，原因是，他认为，《九九消寒诗》，是瞽词俚语之类，“非词臣应制所作，又非御制”，不值得记录。

其实，在宫中流传下来的《九九消寒诗》，内容丰富，诗句风趣，正是宫廷风俗志中的好材料，由“一九”到“九九”，每九都有具体内容。

据中国第一历史档案馆所藏的“宫中杂档”记载：宫中有《九九消寒诗图》，每九，诗四句，共计三十六句，二百五十二个字：

头九初寒才是冬，三皇治世万物生；
尧汤舜禹传桀事，武王伐纣列国分。

二九朔风冷难当，临潼斗宝各逞强；
王翦一怒平六国，一统江山秦始皇。

三九纷纷降雪霜，斩蛇起义汉刘邦；
霸王力举千斤鼎，弃职归山张子房。

四九滴水冻成冰，青梅煮酒论英雄；
孙权独占江南地，鼎足三分属晋公。

五九迎春地气通，红拂私奔出深宫；
英雄奇遇张忠俭，李渊出现太原城。

六九春分天渐长，咬金聚会在瓦岗；
茂公又把江山定，秦琼敬德保唐王。

七九南来雁北飞，探母回令是彦辉；
黄夜母子得相会，相会不该转回归。

八九河开绿水流，洪武永乐南北游；
伯温辞朝归山去，崇祯无福天下丢。

九九八十一日完，闯王造反到顺天；
三桂令兵下南去，我国大清坐金銮。

一幅《九九消寒诗图》，令人耳目一新：

一、诗句简洁明快，一目了然，从远古时期的“三皇治世”，一直说到“大清坐金銮”；

二、中华民族数千年的历史长河，改朝换代的重大事件，从一九说到九九，读来就是一部中国简史；

三、时空跨度大，内容极丰富，读来意犹未尽，回味无穷。

清末代皇帝，就曾经使用过《九九消寒诗图》。

故宫博物院单士元先生，在《小朝廷时代的溥仪》书中记载：溥仪，在小朝廷时期，使用过两首消寒诗。

不过，单先生并未收入录这两首诗。文字记载，与宫中档案核对，有所出入。

据档案记载，末代皇帝溥仪使用过的《九九消寒诗图》如下：

《寒梅吐玉》：

头九初寒才是冬，武昌起义黎颂（宋）卿；
提倡革命张镇武，炮打龟山萨镇冰。

二九朔风冷清清，孙文独立在南京；
张勋带兵抄革命，铁良一去影无踪。

三九大寒天气凉，朝中急坏摄政王；
洵涛保举袁世凯，因病请假世中堂。

四九天寒冷凄凄，北军代表唐绍怡；
电告南省全独立，因此改换五色旗。

五九迎春过新年，袁大总统掌兵权；
电告各省休争战，南北共和乐安然。

六九天长要打春，遍地都是三镇军；
正月十二遭兵变，大炮攻破齐化门。

七九河开地气通，连烧代（带）抢是大兵；
总统当日传命令，拿住土匪不放松。

八九雁来到惊蛰，同谋幸福算白说；
生命财产难保守，五族平等假共和。

九九八十一日完，二次革命闹得欢；
黄兴运动北伐队，上海各处设机关。

《管城春满》：

冬至头九天气寒，项城有意坐金銮；
中华帝国号洪宪，施行专制改江山。

二九朔风冷凄凄，杨度进奉滚龙衣；
谋杀总统沈金鉴，假造民意梁士诒。

三九天寒冷似冰，筹备大典帝制兴；
滇黔桂粤皆反对，阴谋炸死郑汝成。

四九霜雪飞满天，误国害民朱启钤；
拆毁民房修马路，万古千秋骂汉奸。

五九天寒冷难当，黄陂不受武义王；
溥伦赏食双王俸，拐款独立龙济光。

六九迎春地气通，南海改建新华宫；
商界承办提灯会，帝国万岁信口称。

七九河开河不开，各省反对不来财；
中交两行停兑现，民国灾祸一齐来。

八九雁来到惊蛰，登极（基）坐殿算白说；
九五未登身先丧，遗下臭名骂董卓。
消寒已尽九九完，黎大总统掌兵权。

上述两首宫廷《九九消寒诗图》：

一、图文并茂，外形为葫芦形：

二、《寒梅吐玉》，三十六句诗，二百五十二字；

三、《管城春满》，三十四句诗，二百三十八字；

四、所编诗句，记录晚清、辛亥革命、北洋军阀政府之事。

另外为了排遣冬日寂寞，消磨漫长时光，溥仪身边的侍臣们还特为他编制了《消寒益气歌》。

宫中得《消寒益气歌》，从一九到九九，每九一个歌名：

七星拱一，左右合和，三星在户，四平八稳，

一门五福，六合得正，奇财子禄，八方朝贡，九五至尊。

从一九到九九，歌词如下：

阿弥陀佛第一声，一九阳回日日增；
有位古佛释迦祖，一个木鱼一本经，一意渡众生。

阿弥陀佛第二声，二九阳回万物生；
二位仙师和合子，二人同意念真经，事事都亨通。

阿弥陀佛第三声，三九阳回喜气盈；
三位星君福禄寿，三阳开泰阳明通，吉人靠天公。

阿弥陀佛第四声，四九阳回四相通；
四面观音四面渡，四时吉庆喜相逢，养气自然平。

阿弥陀佛第五声，五九阳回向阳生；
五位古佛正中坐，五伦顺序五路通，无处不兴隆。

阿弥陀佛第六声，六九阳回地气通；
西来六祖达摩子，面壁十年渡众生，感化不非轻。

阿弥陀佛第七声，七九阳回动春风；

七夕仙子从天降，福禄寿考汾阳公，德厚享高龄。

阿弥陀佛第八声，八九阳回细柳青；
八洞仙人八种宝，齐向瑶池祝寿星，仙酒醉长生。

阿弥陀佛第九声，九九阳回遍地青；
九星斗姥云端坐，九如散与帝王宫，九州复大清。

这张《消寒益气歌》，从一九到九九，每九，九个圈，构成图案，正与九歌名称相符。

左右合和图：一左一右，各有四圈；图案底部，用一大圈联合起来。

三星在户图：三个圆圈，位于正中；其余六圈，构成一个“门”字形。

八方朝贡图：八个圆圈，分布四周；中心一个圆圈，与八圈相连。

这幅《消寒益气歌》，与其他消寒图明显不同：

一、每九，五句诗，比通常的四句诗，加了一个五字尾句；

二、同一天圈内，多达三种符号，记录当日的天气情况。

《九九歌》的故事

相传，在中国大地上，很久很久以前，乘法口诀顺序是从九九开始，跟如今流传的乘法口诀正好相反。也就是说，从“九九八十一”开始，到“二二得四为止”，一共十六句。

正是因为从“九九”开始，因此，人们把乘法口诀，称为“九九歌”。

据说，春秋时代，“五霸”之首的明君齐桓公，为了广招天下贤人和在野奇士，特别设立了一个“招贤榜”，诚招英才。

然而，“招贤榜”贴出很久，并没有人前来应聘。

有一天，来了一个人。

齐桓公一听，有人来了，十分高兴，连忙亲自带人，来到招贤馆门口，迎接他。

没想到，来的人二话没说，开口就朗声念道“九九八十一、九八七十二……二二得四”。

背完之后，他对着齐桓公，深深作一揖，笑道：“大王，见笑了。”

齐桓公和他手下的随从人等，听完之后，都哈哈大笑。

齐桓公问道：“先生，难道会背九九表，也算什么稀奇？这就是你的才学吗？”

来人一本正经地说：“大王，会背九九歌，实在算不上什么才学。但是，大王如果能对我这样一个只会背九九歌的人，以厚礼相待，这样一来，天下有才学之人，还愁不会接连地来投奔您吗？”

齐桓公听了，大声地说：“对，言之有理！那么，先生就是我招来的第一位贤士了。”

从此以后，天下贤人，都前来齐国，投奔齐桓公。齐国很快强大起来。

中国使用的是农历，也就是阴历，有“九九”之说，计算时令：

从冬至日开始，第一个九天，叫“一九”；第二个九天，叫“二九”，以此类推，一直到“九九”。第九个九天，冬天过完，春天到来。

老北京，自冬至之起，要画“九九消寒图”：

画上一枝梅花；梅花上，有九九八十一个花瓣，代表九九八十一天；每过一天，用笔染一个花瓣；待过完八十一天，八十一个花瓣全部染过，春天来到了，称之为“九九消寒图”。

明代时，著名作品《五杂俎》，记载了《九九歌》：

一九二九，相逢不出手；

三九二十七，篱头吹觱篥（bì lì）（指大风吹篱笆，发出很大的响声。觱篥，是中国古代北方少数民族的乐器）；

四九三十六，夜眠如露宿（指天冷，在屋内睡觉，像在露天睡觉一样冷）；

五九四十五，太阳开门户；

六九五十四，贫儿争意气；

七九六十三，布纳担头担（天热了，脱掉衣服，担着）；
八九七十二，猫犬寻阴地；
九九八十一，犁耙一齐出。

北方地区，流行民间的《九九歌》，简洁明了，十分有趣：

一九二九，相逢不出手；
三九四九，围炉饮酒；
五九六九，访亲探友；
七九八九，沿河看柳。

明代专门记载北京风物的名著《帝京景物略》，记载了一首别致的《九九歌》：

一九二九，相唤不出手；
三九二十七，篱头吹觱篥；
四九三十六，夜眠如露宿；
五九四十五，家家堆盐虎（盐虎，本来指古代一种虎形的盐。这里比喻雪人）；
六九五十四，口中出暖气；
七九六十三，行人把衣单；
八九七十二，猫狗寻阴地；
九九八十一，穷汉受罪毕；
才要伸脚睡，蚊虫蛇蚤出。

《九九消寒图》 武强年画

主体中三头六体、两两争头的娃娃构图：一是寓意连生贵子之意，二是表达九子十成、全年丰收之意。

图书在版编目（CIP）数据

皇宫节令 / 向斯著. —北京：中国工人出版社，2021.3
ISBN 978-7-5008-7586-4

Ⅰ.①皇… Ⅱ.①向… Ⅲ.①宫廷－节令－风俗习惯－中国－古代 Ⅳ.①K220.6②K892.1

中国版本图书馆CIP数据核字（2021）第010373号

皇宫节令

出 版 人	王娇萍
责任编辑	葛忠雨
责任印制	黄　丽
出版发行	中国工人出版社
地　　址	北京市东城区鼓楼外大街45号　邮编：100120
网　　址	http：//www.wp-china.com
电　　话	（010）62005043（总编室）（010）62005039（印制管理中心） （010）62379038（社科文艺分社）
发行热线	（010）62005996　82029051
经　　销	各地书店
印　　刷	三河市东方印刷有限公司
开　　本	710毫米×1000毫米　1/16
印　　张	20.5
字　　数	326千字
版　　次	2021年4月第1版　2021年4月第1次印刷
定　　价	88.00元